Verfassungsmäßige Abwehransprüche gegen Honorarrückforderungsbescheide der Kassenärztlichen Vereinigungen

Michael Augustinus Ossege

Verfassungsmäßige Abwehransprüche gegen Honorarrückforderungsbescheide der Kassenärztlichen Vereinigungen

PETER LANG

Bibliografische Information der Deutschen Nationalbibliothek
Die Deutsche Nationalbibliothek verzeichnet diese Publikation
in der Deutschen Nationalbibliografie; detaillierte bibliografische
Daten sind im Internet über http://dnb.d-nb.de abrufbar.

Zugl.: Witten, Herdecke, Privatuniv., Diss., 2020

D 1018
ISBN 978-3-631-83367-4 (Print)
E-ISBN 978-3-631-83834-1 (E-PDF)
E-ISBN 978-3-631-83835-8 (EPUB)
E-ISBN 978-3-631-83836-5 (MOBI)
DOI 10.3726/b17716

© Peter Lang GmbH
Internationaler Verlag der Wissenschaften
Berlin 2020
Alle Rechte vorbehalten.

Peter Lang – Berlin · Bern · Bruxelles · New York ·
Oxford · Warszawa · Wien

Diese Publikation wurde begutachtet.

www.peterlang.com

Institut für Medizinrecht

Verfassungsmäßige Abwehransprüche

gegen Honorarrückforderungsbescheide

der Kassenärztlichen Vereinigungen

Inaugural-Dissertation

zur

Erlangung des Grades eines Doctor rerum medicinalium

der Universität Witten/Herdecke

Fakultät für Gesundheit

vorgelegt von Dr. jur. Michael Augustinus Ossege

aus Glandorf (Niedersachsen)

2020

Dekan: Prof. Dr. med. Stefan Wirth

Mentor: Prof. Dr. med. Peter Wolfgang Gaidzik

Zweitgutachter: Prof. Dr. med. Karl H. Beine

Tag der Disputation: 27.05.2020

Danksagung

Diese Arbeit ist im Wintersemester 2019/2020 von der Fakultät für Gesundheit der Universität Witten/Herdecke als Dissertation angenommen worden. Sie wurde für die Drucklegung aktualisiert und auf den Stand 24.05.2020 gebracht.

Mein aufrichtiger Dank gilt zunächst meinem Doktorvater, Herrn Prof. Dr. med. Peter Wolfgang Gaidzik, der mir während meiner Promotion jederzeit mit großem Engagement sowie mit gutem Rat zur Seite stand. Auch danke ich Herrn Prof. Dr. med. Karl H. Beine für die zügige Erstellung des Zweitgutachtens.

Herrn Prof. Dr. jur. Martin Rehborn gebührt darüber hinaus mein großer Dank für seine Bereitschaft, mich stets zu motivieren und mir wertvolle Anregungen zu geben. Frau Hanna Schumacher danke ich für das überaus sorgfältige und genaue Korrekturlesen.

Nur durch die fortwährende Unterstützung meiner Familie habe ich jedoch die Zeit und die Kraft für diese Arbeit aufbringen können. Ich danke daher meinen Eltern, meiner Ehefrau Dipl.-Psych. Olga Sidin und unseren Kindern Paulina und Ferdinand, die mich bei der Erstellung bedingungslos begleitet haben.

Münster, im Mai 2020

Inhaltsverzeichnis

Abkürzungsverzeichnis

A.A./a.A.	anderer Ansicht/Auffassung
ABl. EU	Amtsblatt der Europäischen Union
Abs.	Absatz
AG	Arbeitsgemeinschaft
Anm.	Anmerkung(-en)
ARGE	Arbeitsgemeinschaft
ArztuR	Der Arzt uns sein Recht (Zeitschrift)
Aufl.	Auflage
Az.	Aktenzeichen
AZR	Arzt Zahnarzt Recht (Zeitschrift)
BAG	Berufsausübungsgemeinschaft
bayer.	bayerisch(-es)
Bearb.	Bearbeiter
Bema	Bewertungsmaßstab zahnärztlicher Leistungen
Beschl.	Beschluss
BewA/EBewA	Bewertungsausschuss/Erweiterter Bewertungsausschuss
BGB	Bürgerliches Gesetzbuch
BGBl.	Bundesgesetzblatt
BMV-Ä	Bundesmantelvertrag Ärzte
BR-Drs.	Bundesratsdrucksache
BSG	Bundessozialgericht
BSGE	Entscheidungen des Bundessozialgerichts
BT-Drs.	Bundestagsdrucksache
BVerfG	Bundesverfassungsgericht
BVerfGE	Entscheidungen des Bundesverfassungsgericht
BVerwG	Bundesverwaltungsgericht
BVerwGE	Entscheidungen des Bundesverwaltungsgericht
CB	ChefärzteBrief (Zeitschrift)
DAV	Deutscher Anwaltverein
DÄBl.	Deutsches Ärzteblatt
Diss.	Dissertation
DKM	Doppelkilometer (Hin- und Rückfahrt)
DVBl.	Deutsches Verwaltungsblatt (Zeitschrift)

EBM	Einheitlicher Bewertungsmaßstab Ärzte
f./ff.	folgend(-e)
Fn.	Fussnote
GbR	Gesellschaft bürgerlichen Rechts
GesR	Gesundheitsrecht (Zeitschrift)
GmbH	Gesellschaft mit beschränkter Haftung
gGmbH	gemeinnützige Gesellschaft mit beschränkter Haftung
GOP	Gebührenordnungsposition
HVM	Honorarverteilungsmaßstab der Kassenärztlichen Vereinigungen bzw. Kassenzahnärztlichen Vereinigungen
Hess. LSG	Hessisches Landessozialgericht
insb.	insbesondere
i.V.m.	in Verbindung mit
IWW	Institut für Wissen in der Wirtschaft GmbH (Zeitschrift)
jurisPK	juris Praxis Kommentar
jurisPR	juris Praxis Report
JuS	Juristische Schulung (Zeitschrift)
Kap.	Kapitel
KHE	Entscheidungen zum Krankenhausrecht (Loseblattwerk)
KM1	Monatsstatistik der gesetzlichen Kranken- und Pflegeversicherung (Mitgliederstatistiken)
KrV	Die Krankenversicherung (Zeitschrift)
KVWL	Kassenärztliche Vereinigung Westfalen-Lippe
KVWL kompakt	Amtliches Bekanntmachungsorgan der Kassenärztlichen Vereinigung Westfalen-Lippe (Zeitschrift)
LMU	Ludwig-Maximilians-Universität München
m.	mit
med.	medizinisch(-e)
MedizinR	Medizinrecht
MedR	Medizinrecht (Zeitschrift)
Mio.	Millionen
MVZ	Medizinisches Versorgungszentrum/ Medizinische Versorgungszentren
m/w/d	männlich/weiblich/diverses

Nds.	Niedersachsen
NJW	Neue Juristische Wochenschrift (Zeitschrift)
NRW	Nordrhein-Westfalen
NVwZ	Neue Zeitschrift für Verwaltungsrecht (Zeitschrift)
NVwZ-RR	Neue Zeitschrift für Verwaltungsrecht – Rechtsprechungsreport (Zeitschrift)
NZS	Neue Zeitschrift für Sozialrecht (Zeitschrift)
PharmaR	Pharmarecht (Zeitschrift)
RiL	Richtlinie
Rn.	Randnummer
S.	Seite(-n)
SGb	Die Sozialgerichtsbarkeit (Zeitschrift)
sog.	sogenannt(-es)
SozR	Sozialrecht
SpiBu	Spitzenverband Bund der Krankenkassen
StGB	Strafgesetzbuch
StPO	Strafprozessordnung
StR	Staatsrecht
st. Rspr.	ständige Rechtsprechung
s.u.	siehe unten
SVR	Sachverständigenrat
TSVG	Terminservice- und Versorgungsgesetz
Urologe	Der Urologe (Zeitschrift)
Urt.	Urteil
USK	Urteilssammlung für die gesetzliche Krankenversicherung
VerwArch	Verwaltungsarchiv (Zeitschrift)
Vorbem.	Vorbemerkungen
VVDStRL	Veröffentlichungen der Vereinigung der Deutschen Staatsrechtslehrer (Zeitschrift)
Ziff.	Ziffer
zit.	zitiert
ZJS	Zeitschrift für das Juristische Studium (Zeitschrift)
ZMGR	Zeitschrift für Medizin- und Gesundheitsrecht (Zeitschrift)
ZPO	Zivilprozessordnung
ansonsten wird verwiesen auf:	Kirchner, Hildebert Abkürzungsverzeichnis der Rechtssprache 9. Aufl., Berlin 2018

Erster Teil: Einleitung in die Problematik

Die Kassenärztlichen Vereinigungen haben nach § 75 Abs. 1 SGB V die vertragsärztliche Versorgung sicherzustellen und den Krankenkassen und ihren Verbänden gegenüber Gewähr dafür zu übernehmen, dass die vertragsärztliche Versorgung den gesetzlichen und vertraglichen Erfordernissen entspricht[1]. Nach § 75 Abs. 2 S. 2, 1. Hs. haben die Kassenärztlichen Vereinigungen die Erfüllung der den Vertragsärzten[2] obliegenden Pflichten zu überwachen[3]. Zu den Pflichten der Vertragsärzte gehört u.a. auch eine ordnungsgemäße Abrechnung der von ihnen erbrachten Leistungen[4]. Die von den Vertragsärzten eingereichten Honorarforderungen rechnerisch und gebührenordnungsmäßig zu prüfen und im Rahmen von sachlich-rechnerischen Richtigstellungen ggfs. zu berichtigen, ist hingegen Aufgabe der Kassenärztlichen Vereinigungen[5].

Solche sachlich-rechnerischen Richtigstellungen sind für den einzelnen Vertragsarzt[6] zumeist sehr belastend[7]. Nicht nur, dass die Kassenärztlichen Vereinigungen

---

1 Vgl. SG Marburg, Urt. vom 21.03.2007, Az. S 12 KA 813/06, juris Rn. 24, 27 (nachfolgend benannte gerichtlichen Entscheidungen erfolgen möglichst unter Angabe der Wiedergabe in der Datenbank der Firma *juris GmbH* und zusätzlich in *einer* Wiedergabe in Papierform); zum Umfang der Versorgung vgl. Schuler-Harms/Isbarn, in: Berchtold/Huster/Rehborn, § 75 SGB V Rn. 24 und § 73 SGB V Rn. 14 ff.

2 Wird im nachfolgenden Text die grammatikalisch männliche Form verwendet (z.B. Arzt oder Vertragsarzt), stellt dies keine Einschränkung auf das männliche Geschlecht dar; vielmehr umfasst dies Personen jeglichen Geschlechts (m/w/d).

3 Vgl. hierzu Felix, S. 44 ff.; Hesral, in: Schlegel/Voelzke, jurisPK-SGB V, § 75 Rn. 33 ff.

4 Neben der Plausibilität gibt es verschiedene andere Typen sachlich-rechnerischer Richtigstellungen, die aufgezählt werden u.a. von Clemens, in: Schlegel/Voelzke, jurisPK-SGB V, § 106d Rn. 103 f.; Rehborn, in: AG MedR, S. 257 ff.; Clemens, in: Schulin, § 34 Rn. 9 ff.

5 Vgl. LSG Mecklenburg-Vorpommern, Beschl. vom 26.07.2018, Az. 1 KA 3/17 B ER, juris Rn. 17; LSG Berlin-Brandenburg, Urt. vom 25.03.2015, Az. L 7 KA 19/12, juris Rn. 38; SG Marburg, Urt. vom 21.03.2007, Az. S 12 KA 813/06, juris Rn. 24.

6 Bei der Tätigkeit als Vertragsarzt handelt es sich nicht um einen eigenen Beruf, sondern nur um eine Ausübungsform des Berufs des frei praktizierenden Arztes, so BVerfG, Beschl. vom 26.09.2016, Az. 1 BvR 1326/15, juris Rn. 22 = GesR 2016, 767 ff.; BVerfG, Beschl. vom 08.02.1961, Az. 1 BvL 10/60, 1 BvR 289/60, 1 BvR 348/60, juris Rn. 11 = BVerfGE 12, 144 ff.

7 Dies gilt nicht nur für diejenigen Ärzte, die ihre vertragsärztlichen Tätigkeiten nach wie vor in dem Zuständigkeitsbereich der Kassenärztlichen Vereinigung ausüben, in dem Honorarrückforderungsansprüche gegen sie im Raum stehen, sondern auch für

unter Berücksichtigung der 4-Jahresfrist gemäß § 45 SGB X[8] oftmals sechs- bis siebenstellige Beträge zurückfordern.

Zwischenzeitlich hat die Frist durch das Terminservice- und Versorgungsgesetz (TSVG) vom 06.05.2019[9], das am 11.05.2019 in Kraft getreten ist, zur Erhöhung der Planungssicherheit der vertragsärztlichen Leistungserbringer eine Änderung erfahren. Nach § 106d Abs. 5 S. 3 SGB V n.F. muss die aus der Abrechnungsprüfung folgende Maßnahme nunmehr innerhalb von _zwei_ Jahren ab Erlass des betroffenen Honorarbescheides festgesetzt werden[10, 11]. Eine Nachforderung oder Kürzung ist demnach zukünftig nur noch innerhalb von zwei Jahren möglich, soweit keine Vertrauensausschlusstatbestände nach § 45 Abs. 2 S. 3[12], Abs. 4 S. 1 SGB X[13]

Ärzte, die ihren Vertragsarztsitz beispielsweise in den Bereich einer anderen Kassenärztlichen Vereinigung verlegt oder die auf ihre vertragsärztliche Tätigkeit vollständig verzichtet haben; gegen diese kann wegen der fehlenden aufschiebenden Wirkung von Widersprüchen Maßnahmen der Zwangsvollstreckung eingeleitet werden.

8 Vgl. hierzu u.a. BSG, Urt. vom 21.03.2018, Az. B 6 KA 47/16 R, juris Rn. 30 ff. = ArztR 2018, 268 ff.; BSG, Urt. vom 24.10.2018, Az. B 6 KA 34/17 R, juris Rn. 29 = GesR 2019, 299 ff.; Clemens, in: Schlegel/Voelzke, jurisPK-SGB V, § 106d Rn. 92 ff.; Dahm, MedR 2019, 373 ff.; Christophers, MedR 2019, 172 f.

9 Vgl. BGBl. I 646; BT-Drs. 19/8351, S. 73 und 196.

10 Vgl. BSG, Urt. vom 15.05.2019, Az. B 6 KA 63/17 R, juris Rn. 34; SG Dresden, Beschl. vom 21.11.2019, S 25 KA 147/19 ER, juris Rn. 60; Stockmar, ZMGR 06/2019, 268/273.

11 Nach Auffassung von Clemens (in: Schlegel/Voelzke, jurisPK-SGB V, 3. Aufl. 2016, § 106d SGB V Rn. 72.1) ist das Gesetz ungenau formuliert worden. Abzustellen sei grundsätzlich nicht auf den Erlass-Zeitpunkt, d.h. auf den Zeitpunkt der Abfassung und Absendung durch die Kassenärztliche Vereinigung. Maßgeblich sei vielmehr der Zeitpunkt des Wirksamwerdens des Verwaltungsakts, mithin gemäß §§ 37, 39 Abs. 1 SGB X der Zeitpunkt der Bekanntgabe.

12 § 45 Abs. 2 S. 3 SGB X lautet: _„Auf Vertrauen kann sich der Begünstigte nicht berufen, soweit_
  1. _er den Verwaltungsakt durch arglistige Täuschung, Drohung oder Bestechung erwirkt hat,_
  2. _der Verwaltungsakt auf Angaben beruht, die der Begünstigte vorsätzlich oder grob fahrlässig in wesentlicher Beziehung unrichtig oder unvollständig gemacht hat, oder er die Rechtswidrigkeit des Verwaltungsaktes kannte oder_
  3. _infolge grober Fahrlässigkeit nicht kannte; grobe Fahrlässigkeit liegt vor, wenn der Begünstigte die erforderliche Sorgfalt in besonders schwerem Maße verletzt hat."_

13 § 45 Abs. 4 S. 1 SGB X lautet: _„Nur in den Fällen von Absatz 2 Satz 3 und Absatz 3 Satz 2 wird der Verwaltungsakt mit Wirkung für die Vergangenheit zurückgenommen."_

gegeben sind[14]. Für die Hemmung, die Ablaufhemmung, den Neubeginn und die Wirkung gelten entsprechend der Regelung in § 45 Abs. 2 SGB I die Vorschriften des BGB. Die Verkürzung der Ausschlussfrist gilt für Honorarbescheide, die nach dem Inkrafttreten des Gesetzes erlassen werden[15]. Zwar könnte angenommen werden, dass sich durch die Halbierung der Fristen auch die Rückforderungssummen reduzieren würden. Jedoch könnte seitens der Kassenärztliche Vereinigungen angenommen werden, dass die jeweiligen Vertragsärzte ihre Angaben in den Honorarabrechnungen *vorsätzlich oder grob fahrlässig in wesentlicher Beziehung unrichtig oder unvollständig gemacht* haben (§ 45 Abs. 2 S. 3 Nr. 2 SGB X), so dass die Fristverkürzung in diesen Fällen nicht zur Anwendung käme[16].

Wesentlich ist auch, dass die Ärzte zusätzlich oftmals mit Disziplinar- und/ oder Strafverfahren konfrontiert werden[17]. Zudem können ihnen ihre vertragsärztlichen Versorgungsaufträge entzogen[18] und auch ihre Approbationen widerrufen werden[19].

Hinzu kommt, dass Widersprüche gegen Honorarrückforderungsansprüche entgegen der Regel keine aufschiebende Wirkung haben, so dass zur Vermeidung von Maßnahmen der Zwangsvollstreckung eine kurzfriste Finanzierung geschaffen werden muss.

---

14 Vgl. BSG, Urt. vom 19.08.2015, Az. B 6 KA 36/14 R, juris Rn. 23 = SozR 4-2500 § 106a Nr. 14.

15 Vgl. Ladurner, ZMGR 2019, 123/124 f.

16 Vgl. zur Garantiefunktion von Abrechnungssammelerklärungen BSG, Urt. vom 24.10.2018, Az. B 6 KA 44/17 R, juris Rn. 21 = MedR 2019, 593 ff.; BSG, Urt. vom 21.03.2018, Az. B 6 KA 47/16 R. Rn. 35 bis 38 = MedR 2019, 166 ff.

17 Vgl. Ehlers, Disziplinarrecht und Zulassungsentziehung, Rn. 644; Ulsenheimer, in: Laufs/Kern/Rehborn, § 161; Schütz, KrV 2020, 52/52; Ulsenheimer, Arztstrafrecht, Kap. 1, Teil 14, S. 662 ff.; Gaede, MedR 2018, 548 ff.; Fischer, StGB, § 263 Rn. 60a, ein vertragsärztlicher Abrechnungsbetrug liegt danach vor, *„wenn ein Arzt wissentlich oder willentlich die Krankenkasse, die Kassenärztliche Vereinigung oder den Patienten täuscht, indem er eine nicht oder nicht in diesem Umfang erbrachte Leistung abrechnet, um dadurch einen Vermögensvorteil zu erlangen"*.

18 Vgl. BSG, Beschl. vom 11.09.2019, Az. B 6 KA 10/19 B, juris.

19 Vgl. BSG, Urt. vom 24.10.2018, Az. B 6 KA 44/17 R, juris Rn. 26 = KrV 2019, 76 ff.; BSG, Beschl. vom 24.10.2018, Az. B 6 KA 9/18 B, juris = KrV 2019, 80 ff. (hierzu Knispel, NZS 2019, 77; Kerber, jurisPR-MedizinR 1/2019 Anm. 1) und Az. B 6 KA 10/18 B, juris; Überblick bei Peikert, in: AG MedR, S. 275 ff.

Im Rahmen dieser Bearbeitung sollen diese für Ärzte existentiellen Fragen[20] erörtert werden, wobei der Schwerpunkt klar auf die Verfassungsmäßigkeit[21] von sachlich-rechnerischen Richtigstellungen und Honorarrückforderungen der Kassenärztlichen Vereinigungen – dort: die Verwendung von Zeitprofilen – gelegt werden soll[22]. Kernpunkt dieser Bearbeitung ist daher vornehmlich die Frage der rechtlichen Verwendbarkeit der Prüfzeiten im Anhang 3 des Einheitlichen Bewertungsmaßstab (EBM)[23] sowie des sog. ärztlichen Erfahrungswissens im Rahmen von Honorarrückforderungsbescheiden.

Im Gegensatz zu den bisherigen Veröffentlichungen geht es dabei aber nicht lediglich um die Feststellung, dass eine medizinische Evaluation der Prüfzeiten gemäß Anhang 3 des EBM nicht vorliegt. Maßgeblich ist an dieser Stelle vielmehr der daraus folgende Anspruch der Ärzte auf Abwehr von entsprechenden Honorarrückforderungsbescheiden.

Die nachfolgenden Ausführungen gelten für ärztliche Medizinische Versorgungszentren (MVZ) entsprechend[24], nicht jedoch für Zahnärzte. Zwar wirken

---

20 Nach Angaben der KVWL hat diese seit dem Jahr 2012 allein im Bereich identische Patienten in 158 Rückforderungsverfahren 32.281.259,71 EUR geltend gemacht; in 77 Verfahren sind Vergleichsvereinbarungen geschlossen worden (vgl. Bericht des 1. Vorsitzenden der KVWL, Dr. Dryden, anlässlich der Vertreterversammlung der KVWL am 08.09.2017, S. 10 f.: *„32,28 Millionen Euro auf einen Schlag würden 1 % der Gesamtvergütung in Westfalen-Lippe ausmachen. Das ist kein Pappenstiel!"* [https://www.kvwl.de/wir/selbstverwaltung/vv_berichte.htm, Abrufdatum: 24.05.2020]). Nach Auffassung des BSG (Urt. vom 17.09.1997, Az. 6 RKa 86/95, juris Rz. 22 = MedR 1998, 338 ff.) ist hingegen eine *„angemessene Risikoverteilung zwischen KÄV einerseits und unrichtig abrechnendem Vertragsarzt andererseits"* zu gewährleisten; Kremer/Wittmann, S. 494 Rn. 1632 Fn. 3440.

21 Vgl. zur Grundrechtsrelevanz von Verwaltungsakten Dahm, MedR 2017, 659, 661 (Ziff. 6, re. Spalte).

22 Zum Unterschied zwischen dem Prüfverfahren der Kassenärztlichen Vereinigungen und den Krankenkassen BSG, Urt. vom 23.03.2016, Az. B 6 KA 8/15 R, juris Rn. 15, 16 = MedR 2017, 337 ff.; *Clemens*, in: Schlegel/Voelzke, jurisPK-SGB V, § 106d Rn. 52 ff.

23 Veröffentlicht auf der Homepage der KBV (https://www.kbv.de/media/sp/EBM_Gesamt___Stand_2._Quartal_2020.pdf, Stand: 09.04.2020, Abrufdatum: 24.05.2020).

24 Mit Wirkung zum 23.07.2015 wurde in § 106a Abs. 2 S. 2 SGB V a.F. der Halbsatz *„Vertragsärzte und angestellte Ärzte sind entsprechend des jeweiligen Versorgungsauftrages gleich zu behandeln"* in das Gesetz eingefügt. Der Gesetzgeber wollte damit ausschließen, *„dass angestellte Ärztinnen und Ärzte insbesondere in medizinischen Versorgungszentren bei der Plausibilitätsprüfung pauschal benachteiligt werden."* Daher hat er *„geregelt, dass zumeist in Vollzeit tätig angestellte Ärztinnen und Ärzte und niedergelassene Vertragsärztinnen und Vertragsärzte mit voller Zulassung entsprechend des Umfangs des jeweiligen Versorgungsauftrags bei den Zeitprofilen im Rahmen der*

Ärzte, Zahnärzte, Psychotherapeuten, Medizinische Versorgungszentren und Krankenkassen zur Sicherstellung der vertragsärztlichen Versorgung der Versicherten zusammen. Soweit sich die Vorschriften des 4. Kapitels des SGB V (§§ 69 bis 140h SGB V) auf Ärzte beziehen, gelten sie jedoch entsprechend für Zahnärzte, Psychotherapeuten und medizinische Versorgungszentren, sofern nichts Abweichendes bestimmt ist, § 72 Abs. 1 S. 2 SGB V[25]. Nachfolgend sollen in aller Kürze die Besonderheiten in der Honorarabrechnung von Zahnärzten und Psychotherapeuten dargestellt werden.

Für Zahnärzte sind die Regelungen des § 106d Abs. 2 S. 2 bis 4 SGB V nicht anwendbar. Dies ergibt sich unmittelbar aus dem Wortlaut des § 106d Abs. 2 S. 5 SGB V. Insbesondere verfügen im zahnärztlichen Bereich weder die Krankenkassen noch die Kassenzahnärztlichen Vereinigungen über Datensätze, aus denen hervorgeht, in welchem Umfang Mehrleistungen bei Füllungen und Zahnersatz, die über die vertragsärztliche Versorgung hinausgehen, erbracht werden und mit welchem Zeitaufwand sie verbunden sind[26].

Für Psychotherapeuten ist darauf hinzuweisen, dass die Belastungsgrenze eines vollzeitig beschäftigten Psychotherapeuten nach früherer Auffassung des BSG bei etwa 36 zeitabhängigen psychotherapeutischen Leistungen von mindestens 50-minütiger Dauer pro Woche in 43 Wochen im Kalenderjahr erreicht ist[27]. Nach neuerer Rechtsprechung des BSG ist es hingegen grds. zu beanstanden, wenn ein Psychotherapeut entsprechend der Vorgabe in Anlage 3 des EBM für das Erstellen einer biographischen Anamnese und die psychotherapeutischen Gesprächsleistungen eine Prüfzeit von 70 Minuten angesetzt hat[28], die 15 bzw. 10

Plausibilitätsprüfungen gleich zu behandeln sind.", BT-Drs. 18/4095, S. 110; SG München, Urt. vom 11.10.2016, Az. S 38 KA 1611/14, juris = GesR 2017, 56 ff.

25 Vgl. *Hesral*, in: Schlegel/Voelzke, jurisPK-SGB V, § 72 Rn. 24 ff.

26 Vgl. *Freudenberg*, in: Schlegel/Voelzke, jurisPK-SGB V, § 87 Rn. 100.

27 So BSG, Urt. vom 25.08.1999, Az. B 6 KA 14/98 R, juris Rn. 25, 26 = SozR 3-2500 § 85 Nr. 33; vgl. auch BSG, Urt. vom 28.05.2008, Az. B 6 KA 9/07 R, juris = MedR 2009, 174 ff.; BSG, Urt. vom 28.01.2004, Az. B 6 KA 52/03 R, juris = MedR 2004, 396 ff.; BSG, Urt. vom 20.01.1999, Az. B 6 KA 46/97 R, juris = SozR 3-2500 § 85 Nr. 29; Moeck, ZMGR 2017, 97 ff.; vertiefend Moeck, Diss. 2012, Abschnitt D.

28 Gemäß Beschl. des BewA vom 19.06.2019 (439. Sitzung) werden seit dem 01.07.2019 bei der Plausibilitätsprüfung von Honorarabrechnungen für bestimmte psychotherapeutische Leistungen niedrigere Zeiten im Tagesprofil angesetzt. Der BewA hat dazu den Anhang 3 des EBM, der die Prüfzeiten für die einzelnen Leistungen enthält, angepasst. Der BewA hat nunmehr festgelegt, dass zur Erstellung eines Tagesprofils bei den betroffenen Leistungen auf die Kalkulationszeit zurückzugreifen ist (bei der biographischen Anamnese – GOP 35140 – z.B. 60 Minuten statt bisher 70). Für das

Minuten länger ist als die Kalkulationszeit dieser Leistungen. Das beruhe auf der Berücksichtigung von sog. Overheadzeiten, die mit der psychotherapeutischen Leistungserbringung in größerem Umfang verbunden sind und zu einem unterdurchschnittlichen Produktivitätsfaktor führen würden. Es sei nicht ersichtlich, dass der Bewertungsausschuss mit dieser Festsetzung die Grenzen seines Gestaltungsspielraums überschritten habe. Anders verhalte es sich mit der Festlegung, die Prüfzeit von 70 Minuten eigne sich auch für eine Prüfung nach Tagesprofilen. Aus der Eigenart der in die Prüfzeit eingerechneten Overheadzeiten[29] folge vielmehr, dass die über die Kalkulationszeiten hinausgehenden Minuten nicht zum Nachweis einer tagesbezogenen Implausibilität herangezogen werden könnten. Der Therapeut könne solche Zeiten – etwa für Supervision oder Reflexion – an Tagen mit besonders hoher Patientenzahl zurückstellen und auf andere Tage verschieben. Für den längeren Zeitraum eines Quartalsprofils bestünden gegen die Einrechnung dieser nicht auf einzelne Tage bezogenen Zeiten hingegen keine Bedenken[30].

Nachfolgend sollen beispielhaft die Regelungen für die Berufsgruppe der Ärzte betrachtet werden, da diese in der Praxis quantitativ von überragender Bedeutung ist.

Quartalsprofil gelten weiterhin die bisherigen Prüfzeiten (vgl. https://institut-ba.de/ba/babeschluesse/2019-06-19_ba439_10.pdf, Begründung https://institut-ba.de/ba/babeschluesse/2019-06-19_ba439_eeg_14.pdf, Abrufdatum: 24.05.2020).

29 Sog. Overheadzeiten sind nach Auffassung des BSG Zeiten, in denen der Arzt Tätigkeiten zu verrichten hat, die nicht unmittelbar einer einzelnen abrechenbaren ärztlichen Leistung zugeordnet werden können (vgl. BSG, Urt. vom 24.10.2018, Az. B 6 KA 42/17 R, juris Rn. 16 = GesR 2019, 244 ff.).

30 Vgl. BSG, Urt. vom 24.10.2018, Az. B 6 KA 42/17 R, juris Rn. 19 = GesR 2019, 244 ff.

Zweiter Teil: Honorarforderung und Honorarrückforderung

A. Rechtsgrundlagen für Honorarforderungen der Ärzte

Anspruchsgrundlage für die Honoraransprüche der Ärzte gegen die Kassenärztlichen Vereinigungen ist § 87b Abs. 1 S. 1 SGB V. Danach verteilen die Kassenärztlichen Vereinigungen die Gesamtvergütungen an die Vertragsärzte; in der vertragsärztlichen Versorgung verteilt sie die Gesamtvergütungen getrennt für die Bereiche der hausärztlichen und der fachärztlichen Versorgung (§ 73 SGB V). Sie wendet dabei den mit den Landesverbänden der Krankenkassen und den Verbänden der Ersatzkassen gemeinsam und einheitlich zu vereinbarenden Verteilungsmaßstab an[31]. Auf dieser Grundlage haben die Kassenärztlichen Vereinigungen mit den Landesverbänden der Krankenkassen und den Verbänden der Ersatzkassen einen Honorarverteilungsvertrag geschlossen. Der Anspruch der Ärzte auf Teilhabe an der Gesamtvergütung wird konkretisiert durch die Abrechnung der Ärzte über die von diesen erbrachten Leistungen gegenüber der jeweiligen Kassenärztlichen Vereinigung in der durch den BMV-Ä bzw. durch die Gesamtverträge geregelten Form[32].

Die Höhe der Honoraransprüche richtet sich u.a. danach, welche Leistungen der Arzt durchgeführt hat und welcher Fachgruppe er angehört. Insbesondere dürfen die im EBM genannten Leistungen bzw. Leistungskomplexe nur dann abgerechnet werden, wenn der Leistungsinhalt vollständig erbracht worden ist (Ziff. 2.1 Satz 1 der Allgemeinen Bestimmungen des z.B. im Quartal II/2018 geltenden EBM). Die Leistungserbringung ist vollständig, wenn die obligaten Leistungsinhalte erbracht worden sind und die in den Präambeln, Leistungslegenden und Anmerkungen aufgeführten Dokumentationspflichten – auch die der Patienten- bzw. Prozedurenklassifikation (z.B. OPS, ICD 10) – erfüllt, sowie die erbrachten Leistungen dokumentiert sind (Ziff. 2.1 S. 5 der Allgemeinen Bestimmungen des EBM). Die in der Überschrift zu einer Gebührenordnungsposition (GOP) aufgeführten Leistungsinhalte sind immer Bestandteil der

---

31 Vgl. SG Marburg, Urt. vom 18.03.2015, As. S 12 KA 328/14, juris Rn. 18.
32 Vgl. *Freudenberg*, in: Schlegel/Voelzke, jurisPK-SGB V, § 87b Rn. 26 ff.; SVR-Gutachten 2018, S. 131 ff. Rn. 140 ff.; Hartmannsgruber, in: Ratzel/Luxenburger, § 7 Rn. 707, 867 ff.

obligaten Leistungsinhalte (Ziff. 2.1 S. 6 der Allgemeinen Bestimmungen des EBM)[33].

Der einzelne Vertragsarzt hat jedoch keinen Anspruch auf ein Honorar in bestimmter Höhe, sondern nur auf einen angemessenen Anteil an der Gesamtvergütung[34].

B. Rechtsgrundlagen für sachlich-rechnerische Richtigstellungen bzw. Plausibilitätsprüfungen und Honorarrückforderungen der Kassenärztlichen Vereinigungen

Bereits frühzeitig hat die Rechtsprechung festgestellt, dass Grundlage für eine Begrenzung der durch § 85 Abs. 4 SGB V eingeräumten Gestaltungsfreiheit (– Selbstverwaltungsrecht der Kassenärztlichen Vereinigungen) der Grundsatz der Honorarverteilungsgerechtigkeit ist, der aus Art. 12 Abs. 1 GG i.V.m. Art. 3 Abs. 1 GG abzuleiten sei[35]. Insbesondere hat sich das BVerfG bereits im Jahre 1972 mit dem Themenbereich beschäftigt[36]. Das Gericht hat dabei ausgeführt, dass Honorarverteilungsregelungen grundsätzlich „keinen besonders schwerwiegenden Eingriff" darstellen, weil es

> „nicht eigentlich um die Kürzung eines dem Arzt vertragsrechtlich zustehenden Honoraranspruchs geht, sondern um die Verteilung der Gesamtvergütung, die im Rahmen eines für den Arzt vorteilhaften öffentlich-rechtlichen Sozialsystems auf gesetzlicher Grundlage festgesetzt wird".[37]

Aktuell ergibt sich die Rechtsgrundlagen für sachlich-rechnerische Richtigstellungen der Kassenärztliche Vereinigungen aus der Überschreitung von Zeiten sowohl aus § 106d SGB V und den Richtlinien zum Inhalt und zur Durchführung der Prüfungen gemäß § 106d Abs. 6 SGB V sowie der Vereinbarungen der

---

33 Vgl. IWW, Abrechnung aktuell, EBM 2000plus, Abrechnung von Leistungskomplexen mit mehreren Arzt-Patienten-Kontakten geändert, Ausgabe 09/2005, S. 4.

34 Vgl. BSG, Urt. vom 17.07.2013, Az. B 6 KA 45/12 R, juris Rn. 25 = MedR 2014, 435 ff.; BSG, Urt. vom 03.03.1999, Az. B 6 KA 8/98 R, juris Rn. 18 = SozR 3-2500 § 85 Nr. 30.

35 Vgl. Clemens, MedR 1998, 264 f.

36 Vgl. BVerfG, Beschl. vom 10.05.1972, Az. 1 BvR 286/65, 1 BvR 293/65, 1 BvR 295/65, juris Rn. 32 ff. = BVerfGE 33, 171 ff.; BSG, Urt. vom 27.01.1965, Az. 6 RKa 15/64, juris Rn. 22 ff. = SozR Nr. 4 zu § 368f RVO; BSG, Urt. vom 13.08.1964, Az. 6 RKa 7/63, juris Rn. 13 = SozR Nr. 3 zu § 368f RVO; BSG, Urt. vom 10.04.1987, Az. 6 RKa 51/86, juris Rn. 14, 18 = SozR 2200 § 368f Nr. 14; BSG, Urt. vom 26.01.1994, Az. 6 RKa 33/91, juris Rn. 14 = MedR 1994, 376 ff.; Wigge, MedR 1994, 378 f.; Dahm, MedR 2019, 373 ff.

37 Rn. 33.

Kassenärztlichen Vereinigungen und der Landesverbände der Krankenkassen und der Ersatzkassen gemäß § 106d Abs. 5 SGB V. Rechtsgrundlage für Honorarrückforderungen ist § 50 SGB X[38].

C. Regelungen des SGB V und des BMV-Ä

Sachlich-rechtlicher Richtigstellungen waren bereits seit dem 01.01.1989 in § 83 Abs. 2 SGB V vorgesehen. Eine ausdrückliche Erwähnung, dass dies bezogen auf den Zeitaufwand von Leistungen zu geschehen hat, erfolgte erst mit einer entsprechenden Ergänzung des § 83 Abs. 2 SGB V um einen dritten Satz durch das GKV-Gesundheitsreformgesetzes 2000[39]. Seit Inkrafttreten des GKV-Modernisierungsgesetzes am 01.01.2004 war die zeitbezogene sachlich-rechtlicher Richtigstellung in § 106a SGB V geregelt[40].

Rechtsgrundlage für die sachlich-rechnerische Richtigstellung einer Vertragsarztabrechnung ist aktuell § 106d SGB V[41]. Durch Art. 2 Nr. 9 des GKV-Versorgungsstärkungsgesetzes vom 16.07.2015 wurde der wesentliche Inhalt des zuvor die Richtigstellung regelnden § 106a SGB V mit Wirkung zum 01.01.2017 in § 106d SGB V transferiert[42]. Ergänzende Bestimmungen enthalten §§ 45, 46 BMV-Ä[43].

---

38 Vgl. Harneit, in: ARGE MedR, S. 361 ff.
39 Vgl. GKV-Gesundheitsreformgesetz 2000, BGBl. I 1999, 2626, 2633 (Art. 1 Ziff. 34).
40 Vgl. GKV-Modernisierungsgesetz, BGBl. I 2003, 2190, 2217 (Art. 1 Ziff. 83); Clemens, in: Schlegel/Voelzke, jurisPK-SGB V, § 106d Rn. 4, 12 ff. und 34; Beeretz, in: AG MedR, 2005, S. 3 ff.
41 st. Rspr., zuletzt u.a. BSG, Urt. vom 30.10.2019, Az. B 6 KA 9/18 R (zu Plausibilitätsprüfungen in MVZ), juris; BSG, Urt. vom 26.06.2019, Az. B 6 KA 68/17 R, juris; BSG, Urt. vom 15.05.2019, Az. B 6 KA 63/17 R, juris; BSG, Urt. vom 13.02.2019, Az. B 6 KA 56/17 R, juris Rn. 17; BSG, Urt. vom 13.02.2019, Az. B 6 KA 58/17 R, juris Rn. 13; BSG, Urt. vom 24.10.2018, Az. B 6 KA 34/17 R, juris Rn. 22 = GesR 2019, 299 ff., Az. B 6 KA 43/17 R, juris Rn. 11 (mit Anm. Scholl-Eickmann, MedR 2019, 603 f.), Az. B 6 KA 44/17 R, juris Rn. 14 = KrV 2019, 76 ff. und Az. B 6 KA 42/17 R, juris Rn. 10 ff. = GesR 2019, 244 ff.; BSG, Urt. vom 21.03.2018, Az. B 6 KA 47/16 R, juris Rn. 18 = ArztR 2018, 268 ff.
42 Vgl. BGBl I 2015, 1211; zur vorherigen Rechtslage Clemens, in: Schlegel/Voelzke, jurisPK-SGB V, § 106d Rn. 4.
43 Dogmatisch werden die Bundesmantelverträge in Deutschland gemäß § 82 Abs. 1 SGB V von der Kassenärztlichen Bundesvereinigung und dem Spitzenverband Bund der Krankenkassen vereinbart. Er enthält allgemeine Regeln für die vertragsärztliche und vertragspsychotherapeutische Versorgung gesetzlich Krankenversicherter in

Nach § 106d Abs. 1 SGB V prüfen die Kassenärztlichen Vereinigungen und die Krankenkassen die Rechtmäßigkeit und Plausibilität der Abrechnungen in der vertragsärztlichen Versorgung. § 106d Abs. 2 SGB V präzisiert diese Vorgabe nach Maßgabe weiterer Voraussetzungen. Während die Konkretisierung der Abläufe und Inhalte von sachlich-rechnerischen Richtigstellungen zunächst bis 2003 den regionalen Vereinbarungen zwischen Kassenärztlichen Vereinigungen und Krankenkassen vorbehalten war, bestehen seit dem 01.01.2004 zwei Ermächtigungen nebeneinander: in Absatz 5 die Ermächtigung für nähere Bestimmungen des Inhalts und der Durchführung der Prüfungen durch Vereinbarungen auf Landesebene zwischen der Kassenärztlichen Vereinigungen und den Krankenkassen und in Absatz 6 die Ermächtigung zu Richtlinien auf Bundesebene, die zwischen der Kassenärztlichen Bundesvereinigung (KBV) und dem Spitzenverband Bund der Krankenkassen (SpiBu) zu vereinbaren sind[44]. Vorrangig sind dabei die bundesrechtlichen Richtlinien nach Absatz 6. Gemäß § 106d Abs. 5 S. 3 SGB V ist der Inhalt der Richtlinien nach Absatz 6 Bestandteil der landesrechtlichen Vereinbarungen. Somit ist die nähere Festlegung des Inhalts der landesrechtlichen Vereinbarungen erst sinnvoll, wenn der Inhalt der bundesrechtlichen Richtlinien feststeht[45].

Weitere Vorgaben zur Ermittlung und Ausgestaltung des Zeitaufwandes enthält das SGB V nicht.

Nach § 45 BMV-Ä bestätigt der Vertragsarzt, dass die abgerechneten Leistungen persönlich erbracht worden sind und dass die Abrechnung sachlich richtig ist. Leistungen, deren Abrechnung aufgrund gesetzlicher oder vertraglicher Bestimmungen oder Richtlinien der Kassenärztlichen Bundesvereinigung (§ 135 Abs. 2 SGB V) an die Erfüllung besonderer Voraussetzungen geknüpft ist, werden nur vergütet, wenn der Vertragsarzt die Erfüllung dieser Voraussetzungen gegenüber der Kassenärztlichen Vereinigung nachgewiesen hat und – soweit vorgesehen – eine Genehmigung erteilt wurde. Der Kassenärztlichen Vereinigung obliegt die Prüfung der von den Vertragsärzten vorgelegten Abrechnungen ihrer vertragsärztlichen Leistungen hinsichtlich der sachlich-rechnerischen

---

Deutschland. Die Bundesmantelverträge bilden den allgemeinen Inhalt der Gesamtverträge zwischen den Kassenärztlichen beziehungsweise Kassenzahnärztlichen Vereinigungen und den Krankenkassen- und Ersatzkassenverbänden auf Landesebene. Die Bundesmantelverträge sind für die Krankenkassen und die Vertragsärzte bzw. Vertragszahnärzte verbindlich (vgl. *Freudenberg*, in: Schlegel/Voelzke, jurisPK-SGB V, § 82 Rn. 7, 32).

44 Vgl. *Clemens*, in: Schlegel/Voelzke, jurisPK-SGB V, § 106d Rn. 18.
45 Vgl. *Clemens*, in: Schlegel/Voelzke, jurisPK-SGB V, § 106d Rn. 26.

Richtigkeit. Dies gilt insbesondere für die Anwendung des Regelwerks. Die Kassenärztliche Vereinigung berichtigt die Honorarforderung des Vertragsarztes bei Fehlern hinsichtlich der sachlich-rechnerischen Richtigkeit.

Nach § 46 BMV-Ä führen die Kassenärztlichen Vereinigungen und die Krankenkassen Plausibilitätsprüfungen gemäß den entsprechenden Regelungen durch.

Dabei kommt der vorhergehenden Erklärung des Vertragsarztes über die ordnungsgemäße Erbringung und Abrechnung der geltend gemachten Leistungen nach der Rechtsprechung des BSG eine grundlegende Bedeutung zu[46]. Die an sich für jeden einzelnen Behandlungsausweis gebotene Erklärung des Arztes über die ordnungsgemäße Erbringung und Abrechnung der Leistungen würde aufgrund der den Vertragsarzt bindenden Bestimmungen untergesetzlichen Rechts durch eine sog. Abrechnungs-Sammelerklärung ersetzt. Nach § 45 BMV-Ä, dem normative Wirkung zukomme, sei die Abgabe einer – ordnungsgemäßen – Abrechnungssammelerklärung eine eigenständige Voraussetzung für die Entstehung des Anspruchs eines Vertragsarztes auf Vergütung der von ihm erbrachten Leistungen. Mit ihr garantiere der Vertragsarzt, dass die Angaben auf den von ihm eingereichten Abrechnungsunterlagen zutreffen würden. Diese Garantiefunktion sei gerade wegen der aufgrund des Sachleistungsprinzips im Vertragsarztrecht auseinanderfallenden Beziehungen bei der Leistungserbringung (Verhältnis Arzt zum Patienten) und der Vergütung (Verhältnis Arzt zur Kassenärztlichen Vereinigung) und den damit verbundenen Kontrolldefiziten nach Auffassung des BSG unverzichtbar. Die Richtigkeit der Angaben auf den Behandlungsausweisen könne nur in engen Grenzen überprüft werden, und Kontrollen seien mit erheblichem Aufwand und unsicheren Ergebnissen verbunden. Das System der Abrechnung beruhe deshalb in weitem Maße auf dem Vertrauen, dass der Arzt die Abrechnungsunterlagen zutreffend ausfülle. Insoweit komme der Abrechnungs-Sammelerklärung als Korrelat für das Recht des Arztes, allein aufgrund eigener Erklärungen über Inhalt und Umfang der von ihm erbrachten Leistungen einen Honoraranspruch zu erwerben, eine entscheidende Funktion bei der Überprüfung der Abrechnung zu. Es sei deshalb nicht zu beanstanden, wenn in den BMV die ordnungsgemäß – d.h. jedenfalls aus der subjektiven Perspektive eines redlichen Teilnehmers am Rechtsverkehr, also nach bestem Wissen und Gewissen – erstellte Abrechnungs-Sammelerklärung als eigenständige Voraussetzung für das Entstehen des Honoraranspruchs bestimmt worden sei.

---

46 Vgl. BSG, Urt. vom 17.09.1997, Az. 6 RKa 86/95, juris Rn. 19 = MedR 1998, 338 ff.

Diese Garantiefunktion besteht bei Abrechnungs-Sammelerklärungen jedoch nur dann, wenn in den BMV normative Grundlagen vorhanden sind[47].

D. Plausibilität als Unterfall der sachlich-rechnerischen Richtigstellung

Plausibilitätsprüfungen stellen einen Unterfall der sachlich-rechnerischen Richtigstellung dar[48]. Dies ergibt sich bereits aus § 106d Abs. 2 S. 1 SGB V, wo es heißt:

„Die Kassenärztliche Vereinigung stellt die sachliche und rechnerische Richtigkeit der Abrechnungen der an der vertragsärztlichen Versorgung teilnehmenden Ärzte und Einrichtungen fest; dazu gehört auch die arztbezogene Prüfung der Abrechnungen auf Plausibilität (.)"

§ 106d Abs. 2 S. 2 SGB V lautet:

„Gegenstand der arztbezogenen Plausibilitätsprüfung ist insbesondere der Umfang der je Tag abgerechneten Leistungen im Hinblick auf den damit verbundenen Zeitaufwand des Arztes; Vertragsärzte und angestellte Ärzte sind entsprechend des jeweiligen Versorgungsauftrages gleich zu behandeln."

Gemäß § 106d Abs. 2 S. 3 SGB V ist bei der Prüfung nach Satz 2 ein Zeitrahmen für das pro Tag höchstens abrechenbare Leistungsvolumen zu Grunde zu legen; zusätzlich können Zeitrahmen für die in längeren Zeitperioden höchstens abrechenbaren Leistungsvolumina zu Grunde gelegt werden. Daher ist anhand von Tages- und Quartalsprofilen zu überprüfen, ob der Arzt, zeitlich gesehen, die von ihm in seinen Abrechnungen eingestellten Leistungen überhaupt und vollständig erbracht haben kann.

Daraus folgt, dass sachlich-rechnerische Richtigstellungen mit dem Begriff Plausibilität zu bezeichnen sind, wenn ihnen zeitbezogene Prüfzeiten zugrunde liegen[49].

---

47 Vgl. LSG Mecklenburg-Vorpommern, Beschl. vom 26.07.2018, Az. 1 KA 3/17 B ER, juris Rn. 54 ff.

48 Vgl. *Clemens*, in: Schlegel/Voelzke, jurisPK-SGB V, § 106d Rn. 188 ff.

49 Vgl. Clemens/Steinhilper, in: Laufs/Kern/Rehborn, § 39 Rn. 3 ff. für sachlich-rechtliche Richtigstellungen und Rn. 99 ff. für Plausibilitätsprüfungen.

E. Richtlinien zum Inhalt und zur Durchführung von Prüfungen gemäß § 106d Abs. 6 SGB V

Die bundesrechtlichen *„Richtlinien zum Inhalt und zur Durchführung der Prüfungen gemäß § 106d SGB V"* mit Stand: 18.12.2019 (RiL)[50] sind u.a. auf die Prüfung der Abrechnungen der an der vertragsärztlichen Versorgung teilnehmenden Ärzte anzuwenden (§ 1 Abs. 1 RiL)[51]. Zuständig für die Prüfung auf sachlich-rechnerische Richtigkeit und die darauf bezogene Plausibilitätsprüfung sind die Kassenärztlichen Vereinigungen (§ 2 Abs. 1 RiL). Gegenstand der Abrechnungsprüfung ist die Rechtmäßigkeit der Abrechnungen (§ 3 Abs. 1 S. 1 RiL). Dies umfasst die rechtlich ordnungsgemäße Leistungserbringung und die formal richtige Abrechnung der erbrachten Leistungen und der geltend gemachten Sachkosten (§ 3 Abs. 1 S. 2 RiL) und wird im Verfahren der sachlich-rechnerischen Richtigkeitsprüfung durchgeführt (§ 3 Abs. 2 S. 1 RiL). Die Plausibilitätsprüfung in dem in § 7 RiL geregelten Umfang ist Teil der Prüfung (§ 3 Abs. 2 S. 2 RiL). Die Prüfung auf sachlich-rechnerische Richtigkeit der Abrechnung zielt auf die Feststellung ab, ob die abgerechneten Leistungen rechtlich ordnungsgemäß, also ohne Verstoß gegen gesetzliche, vertragliche oder satzungsrechtliche Bestimmungen, erbracht worden sind (§ 4 Abs. 1 RiL). Die Plausibilitätsprüfung stellt ein Verfahren dar, mit dessen Hilfe aufgrund bestimmter Anhaltspunkte und vergleichender Betrachtungen die rechtliche Fehlerhaftigkeit ärztlicher Abrechnungen vermutet werden kann. Anhaltspunkte für eine solche Vermutung sind Abrechnungsauffälligkeiten (§ 5 Abs. 1 S. 1 und 2 RiL). Solche sind durch die Anwendung der Aufgreifkriterien mit sonstigen Erkenntnissen aus Art und Menge der abgerechneten ärztlichen Leistungen zu gewinnende Indizien, welche es wahrscheinlich machen, dass eine fehlerhafte Leistungserbringung im Sinne des § 6 zu Grunde liegt (§ 5 Abs. 1 S. 3 RiL). Rechtlich nicht ordnungsgemäß ist u.a. die Abrechnung von Leistungen, die nicht oder nicht vollständig erbracht worden sind (§ 6 Abs. 2 Ziff. 2 RiL)[52].

Die Plausibilitätsprüfung allein ersetzt nicht das Verfahren der sachlich-rechnerischen Richtigstellung. Erst wenn die Kassenärztlichen Vereinigungen

---

50 Veröffentlicht auf der Internetseite der KBV, http://www.Richtlinien__106d_SGB_V_ Plausibilitaetspruefung.pdf (Inkrafttreten: 11.05.2019), Abrufdatum: 24.05.2020.

51 Vgl. BSG, Urt. vom 24.10.2018, Az. B 6 KA 42/17 R, juris Rn. 12 = GesR 2019, 244 ff., Az. B 6 KA 43/17 R, juris Rn. 12 (mit Anm. Scholl-Eickmann, MedR 2019, 603 f.), Az. B 6 KA 44/17 R, juris Rn. 15 = KrV 2019, 76 ff.

52 Vgl. zu den begrifflichen Unterschieden zwischen sachlich-rechnerischer Richtigstellung und Plausibilität Wiedemann, IWW Abrechnung aktuell, 10/2000, S. 5.

aufgrund einer Plausibilitätsprüfung allein oder in Verbindung mit weiteren Feststellungen zu dem Ergebnis kommt, dass die Leistungen fehlerhaft abgerechnet worden sind, führt sie ein Verfahren der sachlich-rechnerischen Richtigstellung durch (§ 5 Abs. 2 S. 1 und 2 RiL).

In § 7 RiL wird die Plausibilitätsprüfung weiter präzisiert. So bestimmt § 7 Abs. 1 RiL, dass Plausibilitätsprüfungen von den Kassenärztlichen Vereinigungen als regelhafte (Absatz 2), als ergänzende Plausibilitätsprüfungen (Absatz 3) und als anlassbezogene Prüfungen (Absatz 4) durchgeführt werden. Die regelhafte Plausibilitätsprüfung erstreckt sich gem. § 7 Abs. 2 RiL auf die Feststellung von Abrechnungsauffälligkeiten i.S.v. § 5 Abs. 1 S. 3 RiL durch Überprüfung des Umfangs der abgerechneten Leistungen im Hinblick auf den damit verbundenen Zeitaufwand (Prüfung nach Zeitprofilen [§ 8 RiL]). Ergibt die regelhafte Plausibilitätsprüfung Abrechnungsauffälligkeiten, werden ergänzende Plausibilitätsprüfungen nach Maßgabe des § 12 Abs. 1 durchgeführt (§ 7 Abs. 3 RiL). Bei konkreten Hinweisen und Verdachtsmomenten (§ 20 RiL) führen die Kassenärztlichen Vereinigungen eine anlassbezogene Plausibilitätsprüfung durch (§ 7 Abs. 4 RiL).

Für die Prüfung nach § 7 Abs. 2 RiL sind die im Anhang 3 zum EBM in der jeweils gültigen Fassung aufgeführten Prüfzeiten für die ärztlichen Leistungen zugrunde zu legen (§ 8 Abs. 1 RiL). Unabhängig vom Tätigkeitsort wird für alle unter der lebenslangen Arztnummer (LANR) angeforderten Leistungen bei Vertragsärzten, -therapeuten, angestellten Ärzten und Therapeuten, bei ermächtigten Ärzten, bei ermächtigten Instituten und ermächtigten Krankenhäusern gleichrangig ein Tageszeitprofil und ein Quartalszeitprofil ermittelt (§ 8 Abs. 2 RiL). Bei der Ermittlung der Zeitprofile bleiben Leistungen im organisierten Notfalldienst, die auf Muster 19 der Vordruckvereinbarung abgerechnet werden, Leistungen aus der unvorhergesehenen Inanspruchnahme des Vertragsarztes außerhalb der Sprechstundenzeiten und bei Unterbrechung der Sprechstunde mit Verlassen der Praxis, unverzüglich nach Bestellung durchzuführende dringende Besuche sowie – bei Belegärzten – Visiten außer Betracht (§ 8 Abs. 3 S. 1 RiL). Anhang 3 zum EBM kennzeichnet darüber hinaus die nicht dem Tageszeitprofil unterliegenden behandlungsfall- und krankheitsfallbezogenen ärztlichen Leistungen (§ 8 Abs. 3 S. 2 RiL). Beträgt die auf der Grundlage der Prüfzeiten ermittelte arbeitstägliche Zeit bei Tageszeitprofilen an mindestens drei Tagen im Quartal mehr als zwölf Stunden oder im Quartalszeitprofil mehr als 780 Stunden, erfolgen weitere Überprüfungen nach § 12 RiL (§ 8 Abs. 4 S. 1 RiL)[53].

---

53 Vgl. BSG, Urt. vom 24.10.2018, Az. B 6 KA 42/17 R, juris Rn. 12 = GesR 2019, 244 ff., Az. B 6 KA 43/17 R, juris Rn. 12 (mit Anm. Scholl-Eickmann, MedR 2019, 603 f.), Az.

Ergeben die Plausibilitätsprüfungen nach §§ 8 bis 11 RiL Abrechnungsauffälligkeiten, so führen die Kassenärztlichen Vereinigungen weitere Prüfungen durch (§ 12 Abs. 1 RiL). Diese haben zum Ziel, mit Hilfe ergänzender Tatsachenfeststellungen und Bewertungen unter Berücksichtigung der Merkmale nach Absatz 3 festzustellen, ob gegen die rechtliche Ordnungsmäßigkeit nach § 6 RiL verstoßen worden ist oder nicht (§ 12 Abs. 2 RiL). Im Rahmen dieser Prüfungen berücksichtigen die Kassenärztlichen Vereinigungen auch die im Katalog des § 12 Abs. 3 S. 2 Nr. 1 und Nr. 2 RiL gelisteten Feststellungen und Umstände, um zu prüfen, ob die Abrechnungsauffälligkeiten sich zugunsten des Arztes erklären lassen (§ 12 Abs. 3 S. 1 RiL)[54].

F. Verfahrensordnungen der Kassenärztlichen Vereinigungen und der Landesverbände der Krankenkassen und der Ersatzkassen gemäß § 106d Abs. 5 SGB V

Das Verfahren der Plausibilitätsprüfung und das Verfahren der Prüfung der sich daraus ergebenden Abrechnungsauffälligkeiten regeln gemäß § 106d Abs. 5 SGB V i.V.m. § 13 RiL die jeweiligen Kassenärztliche Vereinigung und die Landesverbände der Krankenkassen und der Ersatzkassen gemeinsam und einheitlich in einer Verfahrensordnung. Beispielhaft wird verwiesen auf die Regelung im Zuständigkeitsbereich der Kassenärztlichen Vereinigung Westfalen-Lippe (KVWL), mithin auf die Vereinbarung zur Durchführung der Abrechnungsprüfung nach § 106 Abs. 5 SGB V, die am 01.01.2019 in Kraft getreten ist[55]. Besonders zu beachten ist die Honorarkorrektur bzw. der Schadensausgleich gemäß § 7 Abs. 1[56]. Danach führt die KVWL gegenüber dem Vertragsarzt in einem förmlichen Verwaltungsverfahren die erforderliche Honorarkorrektur/-rückforderung durch, sofern nicht der Vertragsarzt zu einem freiwilligen Schadensausgleich bereit ist und hierüber eine Vereinbarung mit der KVWL schließt[57].

B 6 KA 44/17 R, juris Rn. 15 = KrV 2019, 76 ff.

54 Vgl. zur Verpflichtung nicht nur belastende, sondern auch entlastende Feststellungen zu treffen Scholl-Eickmann, GesR 2016, 141, 147. Dabei sollte auch berücksichtigt werden, dass die Kassenärztlichen Vereinigungen gegen ihre eigenen (Pflicht-)Mitglieder ermitteln (§ 77 Abs. 3 SGB V).

55 Vgl. KVWL kompakt 12/2018, S. 57 ff.

56 Vgl. zum Schaden bzw. zum Rückforderungsbetrag Ossege, GesR 2019, 352 ff.

57 Zur Rechtmäßigkeit solcher Vereinbarungen vgl. Ossege, Anm. zu SG München, Urt. vom 11.12.2017, Az. S 28 KA 615/15, juris = MedR 2018, 627 ff.; Hess. LSG, Urt. vom 13.09.2017, Az. L 4 KA 64/14, MedR 2018, 266 ff. m. Anm. Steinhilper/Dahm, MedR 2018, 269, 270 („… besondere Form der freiwilligen Selbstkontrolle.").

G. Regelungen des EBM

Seit Ende der 1980er Jahren wurde nähere Festlegung des Zeitaufwands KV-in-
dividuell vorgenommen, da es an einer gesetzlichen Vorgabe für eine bundesweit
einheitliche Regelung fehlte[58]. Am 14.09.2001 verabschiedeten die KBV und die
Kassenärztlichen Vereinigungen bundeseinheitliche Minimalwerte in Minuten, die
zukünftig der zeitbezogenen sachlich-rechtlichen Richtigstellung zugrunde gelegt
werden sollten[59]. Seit dem 01.04.2005 wird im Anhang 3 zum EBM für viele GOP
der Zeitaufwand in Minuten zum Zwecke der sachlich-rechtlichen Richtigstellung
festgelegt[60].

Wie bereits vorgetragen, ist gemäß § 106d Abs. 1 S. 2 SGB V Gegenstand der
arztbezogenen Plausibilitätsprüfung insbesondere der Umfang der je Tag abgerechneten Leistungen im Hinblick auf den damit verbundenen Zeitaufwand des Arztes;
Vertragsärzte und angestellte Ärzte sind entsprechend des jeweiligen Versorgungsauftrages gleich zu behandeln. Bei dieser Prüfung ist gemäß § 106d Abs. 1 S. 3 SGB
V ein Zeitrahmen für das pro Tag höchstens abrechenbare Leistungsvolumen zu
Grunde zu legen; zusätzlich können Zeitrahmen für die in längeren Zeitperioden
höchstens abrechenbaren Leistungsvolumina zu Grunde gelegt werden.

Um nach diesen Vorgaben prüfen zu können, müssen zunächst die Behandlungszeiten des Arztes bestimmt werden; hierzu dienen Tages- bzw. Quartalsprofile. Anschließend ist jeweils zu klären, ob das auf Tage und/oder längere
Zeiträume aufaddierte Zeitvolumen plausibel ist. Dies bedingt einen Abgleich
der addierten Zeiten mit zuvor festgelegten Durchschnittszeiten[61].

Tages- und Quartalsprofile sind nach ständiger Rechtsprechung geeignete Beweismittel, um einem Arzt unkorrekte Abrechnungen nachweisen zu

---

58 Vgl. LSG NRW, Urt. vom 11.02.2004, Az. L 11 KA 72/03, juris Rn. 34 = MedR 2004,
    S. 464 ff.; Beeretz, in: AG MedR, 2005, S. 3 ff.

59 Vgl. Steinhilper, in: AG MedR, S. 285, 291 ff. (insb. 291 bis 293); Info in: IWW Abrech-
    nung aktuell, 11/2001, S. 1; Wiedemann, IWW Abrechnung aktuell, 2/2002, S. 6.

60 Vgl. EBM-2000plus Quartal 2/2005, http://www.kbv.de/html/arztgruppen_ebm.
    php#content2403, Abrufdatum: 24.05.2020); hierzu grundlegend Kallenberg, GesR
    2005, 97 ff. (101); Kleinke/Harney, S. 18; Folienvortrag von Münch am 27.10.2018 auf
    der 18. Herbsttagung der Arbeitsgemeinschaft Medizinrecht des DAV, Thema: Plausi-
    bilitätsprüfungen auf Basis von Zeitprofilen, n.v. (liegt dem Verfasser vor).

61 So LSG NRW, Beschl. vom 02.01.2018, Az. L 11 KA 39/17 B ER, juris Rn. 55; vgl. hierzu
    Scholl-Eickmann, GesR 2018, 426 ff.

können[62]. Der entsprechend ermittelte Behandlungsaufwand ist mit Durchschnittszeiten zu vergleichen. Diese können

> normativ festgelegt sein[63] oder
> auf ärztlichem Erfahrungswissen beruhen[64].

Dabei ist jedoch ungeklärt, in welchem Rangverhältnis beide Grundlagen zueinander stehen.

I. Normative Festlegung der Prüfzeiten durch den Bewertungsausschuss

Maßgeblich für eine normative Festlegung ist einzig der sog. Einheitliche Bewertungsmaßstab Ärzte (EBM), insbesondere dessen Anhang 3. Andere normative Grundlagen sind nicht vorhanden. Ergänzend heranzuziehen ist jedoch das sog. „ärztliche Erfahrungswissen".

1. Erstellung und Inhalt des EBM

Gemäß § 87 Abs. 1 S. 1 SGB V vereinbaren die Kassenärztlichen Bundesvereinigungen mit dem Spitzenverband Bund der Krankenkassen durch Bewertungsausschüsse als Bestandteil der Bundesmantelverträge (Bundesmantelvertrag Ärzte: BMV-Ä und Bundesmantelvertrag Zahnärzte: BMV-Z) Einheitliche Bewertungsmaßstäbe (EBM) für die ärztlichen und für die zahnärztlichen Leistungen. Der EBM ist somit kraft Gesetzes zwingend Teil der Bundesmantelverträge. § 87 Abs. 1 SGB V stellt somit die Ermächtigungsgrundlage für die Verabschiedung der EBM dar[65].

Die Bundesmantelverträge (§ 82 Abs. 1 SGB V) sind dabei verbindlich für die Kassenärztlichen Vereinigungen (§ 81 Abs. 3 Nr. 1 SGB V), deren Mitglieder (§ 95 Abs. 3 S. 2 SGB V), ermächtigte Ärzte und Institutionen (§ 95 Abs. 4 S. 2

---

62 S.u., vgl. auch BSG, Urt. vom 30.10.2019, Az. B 6 KA 9/18 R, juris; BSG, Beschl. vom 17.08.2011, Az. B 6 KA 27/11 B, juris; BSG, Urt. vom 08.03.2000, Az. B 6 KA 16/99 R, juris = SozR 3-2500 § 83 Nr. 1; BSG, Urt. vom 24.11.1993, Az. 6 RKa 70/91, juris Rn. 25 ff. = BSGE 73, 234 ff.; Bayer. LSG, Urt. vom 17.01.2018, Az. L 12 KA 123/16, juris, hierzu Müller, jurisPR-MedizinR 11/2018 Anm. 3; LSG NRW, Beschl. vom 02.01.2018, Az. L 11 KA 39/17 B ER, juris Rn. 56; Steinhilper, in: AG MedR, S. 285, 291 ff.

63 Vgl. LSG NRW, Beschl. vom 02.01.2018, Az. L 11 KA 39/17 B ER, juris Rn. 59.

64 Vgl. BSG, Urt. vom 24.11.1993, Az. 6 RKa 70/91, juris Rn. 26 = BSGE 73, 234 ff.

65 Vgl. *Freudenberg*, in: Schlegel/Voelzke, jurisPK-SGB V, § 87 Rn. 41.

SGB V) sowie für die Landesverbände der Krankenkassen und deren Mitglieds-
kassen (§ 210 Abs. 2 SGB V). Dogmatisch handelt es sich bei den Bundesmantel-
verträgen um sog. untergesetzliche Normenverträge[66].

Beim EBM handelt es sich um einen von den Vertragspartnern der Bundesmantelverträge durch den Bewertungsausschuss vereinbarten Vertrag in der
Form einer untergesetzlichen Rechtsnorm[67]. Dabei entzieht der Gesetzgeber
den für die entsprechenden Vertragsabschlüsse originär zuständigen Organen
der Kassenärztlichen Bundesvereinigungen und des Spitzenverbandes Bund der
Krankenkassen die Verhandlungs- und Abschlusskompetenz. Die Kompetenz,
den EBM zu vereinbaren, wird stattdessen dem Bewertungsausschuss übertragen.

In dem Zusammenhang ist darauf hinzuweisen, dass dem Bewertungsausschuss dabei Gestaltungsfreiheit einzuräumen ist. Das Maß der Gestaltungsfreiheit richtet sich nach dem Wesen der Ermächtigungsvorschrift und der ihr
zugrundeliegenden Zielrichtung[68].

Der EBM soll gewährleisten, dass die unterschiedlichen Interessen der an
der vertragsärztlichen Versorgung beteiligten Gruppen zum Ausgleich kommen
und eine sachgerechte inhaltliche Beschreibung und Bewertung der ärztlichen
Leistungen erreicht wird. Wie jedem Normgeber kommt auch den Vertragspartnern des EBM bei der autonomen Festlegung der Leistungen, ihres Inhalts und
ihrer Bewertung ein Gestaltungsspielraum zu[69].

Der EBM muss ein Leistungsverzeichnis und eine Leistungsbeschreibung
beinhalten. Die Leistungsbeschreibungen des EBM dienen dem Gemeinwohl-
belang der Funktionsfähigkeit und Wirtschaftlichkeit der gesetzlichen Krankenversicherung. Sie sind geeignet und erforderlich, eine gleichmäßige Vergütung
der Vertragsärzte sicherzustellen[70]. Der Leistungskatalog ist abschließend. Aufgeführte Leistungen sind bei Vorliegen der jeweiligen Voraussetzungen stets

---

66 Vgl. LSG NRW, Beschl. vom 19.03.2012, Az. L 11 KA 15/12 B ER, juris 45; *Freudenberg*,
     in: Schlegel/Voelzke, jurisPK-SGB V, § 82 Rn. 31 m.w.N.

67 Vgl. LSG NRW, Beschl. vom 02.01.2018, Az. L 11 KA 39/17 B ER, juris Rn. 65.

68 Vgl. BSG, Urt. vom 24.10.2018, Az. B 6 KA 42/17 R, juris Rn. 14 = GesR 2019, 244 ff.,
     Az. B 6 KA 43/17 R, juris Rn. 14; BSG, Urt. vom 11.10.2017, Az. B 6 KA 37/17 R, juris
     Rn. 35 = SozR 4-2500 § 87 Nr. 35; BSG, Urt. vom 10.12.2014, Az. B 6 KA 12/14 R, juris
     Rn. 26 = SozR 4-2500 § 87 Nr. 30.

69 Vgl. BSG, Urt. vom 25.08.1999, Az. B 6 KA 39/98 R, juris Rn. 22 = SozR 3-2500 § 135
     Nr. 11.

70 Vgl. BVerfG, Beschl. vom 22.10.2004, Az. 1 BvR 528/04, 1 BvR 550/04, 1 BvR 551/04,
     1 BvR 627/04, juris Rn. 16 = MedR 2005, 285 ff.).

abrechnungsfähig. Nicht aufgeführte Leistungen können von den Vertragsärzten nicht im vertragsärztlichen Versorgungs- und Vergütungssystem erbracht und abgerechnet werden[71]. Eine Aufnahme in den Leistungskatalog kann allerdings auch rückwirkend erfolgen. Eine entsprechende Anwendung von Gebührentatbeständen scheidet aus (anders als gemäß § 6 Abs. 2 GOÄ)[72]. Kein Verstoß gegen diesen Grundsatz liegt dagegen vor, wenn der Bewertungsausschuss selbst „ähnliche Leistungen" in einem Gebührentatbestand zulässt[73].

Bestandteil des EBM sind auch die derzeit vier Anhänge. In Anhang 1 findet sich das Verzeichnis der nicht gesondert abrechnungsfähigen und in Komplexen enthaltenen Leistungen, Anhang 2 definiert die Zuordnung der operativen Prozeduren nach § 301 SGB V zu den Leistungen der Kapitel 31 EBM (ambulante Operationen) und 36 EBM (belegärztliche Operationen), in Anhang 3 finden sich die Angaben für den zur Leistungserbringung erforderlichen Zeitaufwand des Arztes gemäß § 87 Abs. 2 S. 1 SGB V in Verbindung mit § 106d Abs. 2 SGB V und in Anhang 4 werden die nicht oder nicht mehr berechnungsfähigen Leistungen aufgelistet. Im Rahmen der gegenständlichen Bearbeitung ist ausschließlich der Anhang 3 maßgeblich.

Soweit Angaben zum Zeitaufwand nach § 87 Abs. 2 S. 1, 2. Hs. SGB V bestimmt sind, sind diese bei den Prüfungen nach § 106d Abs. 2 S. 2 SGB V zu Grunde zu legen[74]. Dies ergibt sich unmittelbar aus dem Wortlaut des § 106d Abs. 2 S. 4 SGB V. Maßgeblich ist insoweit als Teil des EBM der mit „Angaben für den zur Leistungserbringung erforderliche Zeitaufwand des Vertragsarztes gemäß § 87 Abs. 2 S. 1 SGB V in Verbindung mit § 106d Abs. 2 SGB V" überschriebene Anhang 3.

Die Regelung dient neben der Verbesserung der Transparenz der Leistungsbewertung im einheitlichen Bewertungsmaßstab ausdrücklich der Verbesserung der Wirksamkeit der Abrechnungsprüfungen durch die Kassenärztliche Vereinigungen nach § 106d SGB V[75]. Daraus folgt, dass ein unmittelbar inhaltlicher

---

71 Vgl. BSG, Urt. vom 13.11.1996, Az. 6 RKa 31/95, juris Rn. 21 = MedR 1997, 372 ff.; BSG, Urt. vom 25.08.1999, Az. B 6 KA 39/98 R, juris Rn. 13 = SozR 3-2500 § 135 Nr. 11).

72 Vgl. Engelhard, in: Hauck/Noftz, SGB V, § 87 Rn. 48.

73 **Vgl.** BSG, Urt. vom 25.08.1999, Az. B 6 KA 39/98 R, juris = SozR 3-2500 § 135 Nr. 11; BSG, Urt. vom 26.01.2000, Az. B 6 KA 59/98, juris = USK 2000-97; *Freudenberg*, in: Schlegel/Voelzke, jurisPK-SGB V, § 87 Rn. 90.

74 Vgl. BSG, Urt. vom 24.10.2018, Az. B 6 KA 42/17 R, juris Rn. 14, 15 = GesR 2019, 244 ff., Az. B 6 KA 43/17 R, juris Rn. 14, 15.

75 Vgl. BT-Drs. 15/1525, S. 104 zu § 87 Abs. 2.

Zusammenhang besteht zwischen Abrechnungsprüfung durch die Kassenärztlichen Vereinigungen gemäß § 106d Abs. 2 SGB V und dem Zeitaufwand gemäß
§ 87 Abs. 2 S. 1 SGB V.

Gemäß § 87 Abs. 2 S. 2, 1. Hs. SGB V sind die Bewertungsmaßstäbe in
bestimmten Zeitabständen auch daraufhin zu überprüfen, ob die Leistungsbeschreibungen und ihre Bewertungen noch dem Stand der medizinischen Wis-
senschaft und Technik sowie dem Erfordernis der Rationalisierung im Rahmen
wirtschaftlicher Leistungserbringung entsprechen. Bereits aus dieser Beobach-
tungs- und Reaktionspflicht folgt, dass der Bewertungsausschuss zur Vornahme
von Änderungen berechtigt und verpflichtet ist[76].

Der Vollständigkeit halber wird bereits an dieser Stelle darauf hingewiesen,
dass der EBM umfassend inhaltlich überarbeitet werden sollte, wobei nach dem
Zeitplan bereits zum 01.07.2014 auch die Überprüfung der Kalkulation der
Leistungen im EBM abgeschlossen sowie eine neue Vergütungssystematik für
technisch gestützte Leistungen eingeführt sein sollte. Da die im Rahmen der
Plausibilitätsprüfung herangezogenen Prüfzeiten aus den Kalkulationszeiten
abgeleitet werden, standen Änderungen der zeitlichen Bewertung der vertragsärztlichen Leistungen an.

Im Beschluss des Bewertungsausschusses, den dieser in seiner 304. Sitzung
zur ausgabenneutralen Anhebung des Orientierungswertes nach § 87 Abs. 2e
SGB V zur Angleichung von Orientierungswert und kalkulatorischem Punkt-
wert mit Wirkung zum 01.10.2013 getroffen hat, heißt es daher auf Seite 4 unter
Protokollnotiz (Ziff. 2.)

*„2. Die Plausibilitätszeiten im Anhang 3 zum EBM werden mit Inkrafttreten der EBM-
Reform zum 01. Juli 2014 überprüft und an die Neukalkulation der Leistungen im EBM
angepasst.“*

Der Bewertungsausschuss selbst hat somit eine Überarbeitungsbedürftigkeit
der im Anhang 3 zum EBM benannten Prüfzeiten für ärztliche Leistungen
gesehen[77].

---

76 Vgl. BSG, Urt. vom 10.12.2014, Az. B 6 KA 12/14 R, Rn. 25 = SozR 4-2500 § 87 Nr. 30
    für den Bema 2004; BSG, Urt. vom 29.01.1997, Az. 6 RKa 3/96, juris = SozR 3-2500 § 87
    Nr. 15.
77 Zur sog. „kleinen" EBM-Reform (https://www.kbv.de/html/weiterentwicklung-ebm.
    php, Abrufdatum: 24.05.2020), die am 01.04.2020 in Kraft tritt, wird auf die nach-
    folgenden Ausführungen verwiesen.

2. Abschließende und verbindliche Prüfzeiten im Anhang 3 des EBM

Die Zeitangaben im Anhang 3 des EBM sind nach Leistungspositionen geordnet und aufgeteilt in Kalkulationszeit und Prüfzeit. Die Kalkulationszeit beziffert die der Kalkulation im EBM zu Grunde liegende festgesetzte Durchschnittszeit für die jeweilige Leistung. Die im Rahmen der Plausibilitätsprüfung relevante Prüfzeit entspricht der Mindestzeit, die ein besonders geübter und/oder erfahrener Arzt zur Erbringung der betreffenden Leistung benötigt. Während die Kalkulationszeiten auch den Zeitaufwand für delegierbare Leistungsbestandteile umfassen, beschränken sich die Prüfzeiten auf die reine Arztleistung und liegen daher in der Regel 20 % niedriger als die Kalkulationszeiten[78].

Vor diesen Hintergründen ist zu untersuchen, ob die benannten Prüfzeiten im Anhang 3 des EBM abschließend und verbindlich sind[79]. Dies ergibt sich aber nicht unmittelbar aus dem Wortlaut der vorhandenen Normierungen, so dass dies im Wege der Auslegung zu ermitteln ist.

Für eine abschließende und verbindliche Regelung spricht zunächst, dass andernfalls § 87 SGB V unterlaufen werden könnte. Der Bewertungsausschuss besteht aus drei von der Kassenärztlichen Bundesvereinigung sowie drei vom Spitzenverband Bund der Krankenkassen bestellten Vertreter, § 87 Abs. 3 S. 1 SGB V. Kommt im Bewertungsausschuss durch übereinstimmenden Beschluss aller Mitglieder eine Vereinbarung ganz oder teilweise nicht zustande, wird der Bewertungsausschuss auf Verlangen von mindestens zwei Mitgliedern um einen unparteiischen Vorsitzenden und zwei weitere unparteiische Mitglieder erweitert, § 87 Abs. 4 und 5 SGB V.

Da der Anhang 3 des EBM in der Fassung vom 01.04.2020 teilweise Prüfzeiten benennt, teilweise aber auch nicht, ist entsprechend zu differenzieren. So ist z.B. der GOP 01410 EBM (=> Besuch eines Kranken) eine Prüfzeit von 13 Minuten zugewiesen. Die GOP 01411 EBM (=> Dringender Besuch wegen der Erkrankung, unverzüglich nach Bestellung ausgeführt zwischen 19:00 und 22:00 Uhr, _oder_ an Samstagen, Sonntagen und gesetzlichen Feiertagen, am 24.12. und 31.12. zwischen 07:00 und 19:00 Uhr) und GOP 01412 EBM (=> Dringender

---

78 Vgl. BSG, Urt. vom 24.10.2018, Az. B 6 KA 42/17 R, juris Rn. 15 = GesR 2019, 244 ff., Az. B 6 KA 43/17 R, juris Rn. 15; LSG NRW, Beschl. vom 02.01.2018, Az. L 11 KA 39/17 B ER, juris Rn. 61.

79 So SG München, Urt. vom 11.10.2016, Az. S 38 KA 1611/14, juris Rn. 8 = GesR 2017, 56 ff.; BSG, Urt. vom 30.10.2019, Az. B 6 KA 9/18 R, juris; Bayer. LSG, Urt. vom 17.01.2018, Az. L 12 KA 123/16, juris, hierzu Müller, jurisPR-MedizinR 11/2018 Anm. 3.

Besuch/dringende Visite auf der Belegstation wegen der Erkrankung, unverzüglich nach Bestellung ausgeführt, Dringender Besuch zwischen 22:00 und 07:00 Uhr _oder_ Dringender Besuch an Samstagen, Sonntagen und gesetzlichen Feiertagen, am 24.12. und 31.12. zwischen 19:00 und 07:00 Uhr _oder_ Dringender Besuch bei Unterbrechen der Sprechstundentätigkeit mit Verlassen der Praxisräume _oder_ Dringende Visite auf der Belegstation bei Unterbrechen der Sprechstundentätigkeit mit Verlassen der Praxisräume) enthält jedoch keinen Eintrag über eine Prüfzeit. Die GOP 01413 EBM (=> Besuch eines weiteren Kranken) wird mit einer Prüfzeit von 6 Minuten bemessen[80].

Wenn keine normativen Prüfzeiten festgelegt sind, diese aber trotzdem seitens der Kassenärztlichen Vereinigungen festgesetzt werden, verstößt dies gegen § 87 SGB V, da die Rechte der Mitglieder des Bewertungsausschusses unterlaufen werden.

Besonderheiten gelten dann, wenn in der Leistungslegende des EBM oder in einer Anmerkung zu einer einzelnen GOP, die für das Tageszeitprofil keine Bedeutung hat, im Falle der gleichzeitigen Erbringung einer auch für das Tageszeitprofil relevanten Leistung insgesamt eine Mindestleistungszeit zugeordnet ist. Dass für eine solche Kombination einer nicht tageszeitprofilgeeigneten Leistung mit einer tageszeitprofilgeeigneten Leistung im Anhang 3 des EBM keine eigene Prüfzeit vorgesehen ist, ist unschädlich, wenn und soweit sich die verbindliche Mindestzeit für die Leistungserbringung aus dem EBM selbst ergibt[81]

3. Rechtliche Kontrolle von Beschlüssen der Bewertungsausschüsse

Die rechtliche Kontrolle von Beschlüssen der Bewertungsausschüsse ist im Wesentlichen darauf beschränkt, ob diese den ihnen zustehenden Entscheidungsspielraum überschritten oder ihre Bewertungskompetenz missbräuchlich ausgenutzt haben[82].

Innerhalb der ihnen erteilten Normsetzungsermächtigung ist den Bewertungsausschüssen nach Auffassung des BSG bei der Konkretisierung des Inhalts

---

80 Vgl. für Besuche BSG, Urt. vom 12.12.2012, Az. B 6 KA 3/12 R, juris Rn. 36 = SozR 4-2500 § 75 Nr. 13.

81 Vgl. BSG, Urt. vom 24.10.2018, Az. B 6 KA 44/17 R, juris Rn. 16, 17 = KrV 2019, 76 ff.; BSG, Beschl. vom 11.12.2013, Az, B 6 KA 37/13 B, juris Rn. 5.

82 Vgl. BSG, Urt. vom 28.06.2017, Az. B 6 KA 29/17 R, juris Rn. 12 bis 14 = MedR 2018, 258 ff.; BSG, Urt. vom 28.06.2017, Az. B 6 KA 36/16 R, juris Rn. 21 bis 23; BSG. Urt. vom 10.12.2014, Az. B 6 KA 12/14 R, juris Rn. 26 = SozR 4-2500 § 87 Nr. 30; LSG NRW, Beschl. vom 02.01.2018, Az. L 11 KA 39/17 B ER, juris Rn. 65.

gesetzlicher Regelungen eine umfassende Gestaltungsfreiheit eingeräumt. Das Maß der Gestaltungsfreiheit richte sich nach dem Wesen der Ermächtigungsvorschrift und der ihr zugrundeliegenden Zielrichtung. Die auf der Grundlage des § 87 SGB V von den Bewertungsausschüssen vereinbarten EBM seien wegen ihrer spezifischen Struktur und der Art ihres Zustandekommens nur beschränkt der gerichtlichen Überprüfung zugänglich. Durch die personelle Zusammensetzung der – paritätisch mit Vertretern der Ärzte bzw. Zahnärzte und Krankenkassen besetzten – Bewertungsausschüsse und den vertraglichen Charakter der Bewertungsmaßstäbe solle gewährleistet werden, dass die unterschiedlichen Interessen der an der vertragszahnärztlichen Versorgung beteiligten Gruppen zum Ausgleich kämen und auf diese Weise eine sachgerechte inhaltliche Umschreibung und Bewertung der (zahn)ärztlichen Leistungen erreicht würde. Das von den Bewertungsausschüssen erarbeitete System autonomer Leistungsbewertung könne seinen Zweck nach Auffassung des BSG nur erfüllen, wenn Eingriffe von außen grundsätzlich unterbleiben. Die gerichtliche Kontrolle sei daher im Wesentlichen darauf beschränkt, ob die Ausschüsse den ihnen zustehenden Entscheidungsspielraum überschritten oder seine Bewertungskompetenz missbräuchlich ausgenutzt hätte[83].

Die richterliche Kontrolle untergesetzlicher Normen beschränkt sich nach Auffassung der Rechtsprechung darauf, ob die äußersten rechtlichen Grenzen der Rechtssetzungsbefugnis durch den Normgeber überschritten wurden. Dies sei erst dann der Fall, wenn die getroffene Regelung in Anbetracht des Zwecks der Ermächtigung schlechterdings unvertretbar oder unverhältnismäßig sei[84]. Die gerichtliche Kontrolle von Entscheidungen des Bewertungsausschusses sei somit im Wesentlichen auf die Prüfung beschränkt, ob sich diese auf eine ausreichende Ermächtigungsgrundlage stützen können und ob die Grenzen des Gestaltungsspielraums eingehalten seien. Sofern eine Norm tatsächliche Umstände zur Grundlage ihrer Regelung macht, würde sich die gerichtliche Überprüfung insbesondere darauf erstrecken, ob der Bewertungsausschuss seine Festsetzung frei von Willkür getroffen habe[85].

---

83 Vgl. BSG. Urt. vom 10.12.2014, Az. B 6 KA 12/14 R, juris Rn. 26 m.w.N. = SozR 4-2500 § 87 Nr. 30.
84 Vgl. BVerwG, Urt. vom 26.04.2006, Az. 6 C 19/05, juris Rn. 16 = BVerwGE 125, 384 ff.
85 Vgl. BSG. Urt. vom 24.10.2018, Az. B 6 KA 42/17 R, juris Rn. 13 m.w.N. = GesR 2019, 244 ff. und Az. B 6 KA 43/17 R, juris Rn. 13 m.w.N.; BSG, Urt. vom 11.10.2017, Az. B 6 KA 37/17 R, juris Rn. 35 m.w.N. = SozR 4-2500 § 87 Nr. 35; Hess. LSG, Urt. vom 13.09.2017, Az. L 4 KA 64/14, MedR 2018, 266 ff.

Der an die Bewertungsausschüsse gerichtete Gestaltungsauftrag zur Konkretisierung der Grundlagen der vertragsärztlichen Honorarverteilung umfasst auch den Auftrag, Leistungsgeschehen in der vertragsärztlichen Versorgung sinnvoll zu steuern. Hierzu bedarf es nach Auffassung des BVerfG komplexer Kalkulationen, Bewertungen, Einschätzungen und Prognosen, die nicht jeden Einzelfall abbilden können, sondern notwendigerweise auf generalisierende, typisierende und pauschalierende Regelungen angewiesen sind[86]. Die gerichtliche Überprüfung eines solchen Regelungsgefüges darf sich deshalb nicht isoliert auf die Bewertung eines seiner Elemente beschränken, sondern muss stets auch das Gesamtergebnis der Regelung mit in den Blick nehmen[87]. Die Richtigkeit jedes einzelnen Elements in einem mathematischen, statistischen oder betriebswirtschaftlichen Sinne ist deshalb nicht Voraussetzung für die Rechtmäßigkeit der gesamten Regelung[88].

Dabei erstreckt sich die Überprüfung insbesondere darauf, ob der Bewertungsausschuss nach einheitlichen Maßstäben verfahren und inhaltlich darauf, ob seine Festsetzung frei von Willkür ist, d.h. ob er sich in sachgerechter Weise an Berechnungen orientiert hat und ob sich seine Festsetzung innerhalb des Spektrums der verschiedenen Erhebungsergebnisse hält. Der festgesetzte Zahlenwert muss nach Auffassung des BSG mithin *„den Bedingungen rationaler Abwägung genügen"*[89]. Dabei darf die rechtliche Kontrolldichte jedoch nicht überspannt werden.

Allein der Umstand, dass die Bewertung einzelner Leistungspositionen nicht nachvollzogen werden kann, stellt die Rechtmäßigkeit des EBM nach Auffassung des BSG jedoch nicht in Frage. Die Richtigkeit jedes einzelnen Elements in einem mathematischen, statistischen oder betriebswirtschaftlichen Sinne sei nicht Voraussetzung für die Rechtmäßigkeit einer Gesamtregelung, für die es komplexer Bewertungen, Einschätzungen und Prognosen bedarf[90].

---

86 Vgl. BVerfG, Urt. vom 19.03.2003, Az. 2 BvL 9/98, juris 62 = BVerfGE 108, 1 ff.; LSG NRW, Beschl. vom 02.01.2018, Az. L 11 KA 39/17 B ER, juris Rn. 65.

87 Vgl. BVerfG, Urt. vom 06.03.2007, Az. 2 BvR 556/04, juris Rn. 69 = BVerfGE 117, 330 ff.; LSG NRW, Beschl. vom 02.01.2018, Az. L 11 KA 39/17 B ER, juris Rn. 65.

88 Vgl. BSG, Urt. vom 28.05.2008, Az. B 6 KA 9/07 R, juris Rn. 19 m.w.N. = MedR 2009, 174 ff.; BSG, Urt. vom 16.05.2001, Az. 6 KA 20/00 R, juris = SozR 3-2500 § 87 Nr. 29; LSG NRW, Beschl. vom 02.01.2018, Az. L 11 KA 39/17 B ER, juris Rn. 65.

89 Vgl. BSG, Urt. vom 28.06.2017, Az. B 6 KA 36/16 R, juris Rn. 22; LSG NRW, Beschl. vom 02.01.2018, Az. L 11 KA 39/17 B ER, juris Rn. 65.

90 Vgl. BSG. Urt. vom 10.12.2014, Az. B 6 KA 12/14 R, juris Rn. 38 = SozR 4-2500 § 87 Nr. 30.

Dies sollte aber gerade nicht als Freibrief verstanden werden. Grenzen dieser Freiheiten sind sicherlich dann überschritten, wenn weder empirische Erhebungen für bestimmte Zeitvorgaben vorhanden sind noch sonstiges ärztliches Erfahrungswissen nachweisbar ist[91].

Vor diesen Hintergründen hätten die Bewertungsausschüsse die äußersten rechtlichen Grenzen der Rechtsetzungsbefugnis wohl überschritten, wenn weder ärztliches Erfahrungswissen noch normative Festlegungen für die Höhe der Prüfzeiten vorliegen würden[92]. In einem solchen Fall wäre es wohl unvertretbar oder unverhältnismäßig, Honorarrückforderungen auf solche Zeitvorgaben zu stützen, so dass wohl von einem „groben Missverhältnis" ausgegangen werden kann[93].

Verfahrensrechtlich ist auf zwei Gesichtspunkte besonders hinzuweisen: Zum einen ist die rechtliche Kontrolle lediglich im Rahmen von *Inzidentprüfungen* durchzuführen[94]. Dies bedeutet, dass sich der jeweilige Arzt nicht unmittelbar gegen einen entsprechenden Beschluss wenden kann; vielmehr hat eine Rechtmäßigkeitskontrolle lediglich im Rahmen der Überprüfung von konkreten Abrechnungsfällen, insbesondere von Honorarrückforderungsbescheiden, zu erfolgen[95]. Zum anderen bezieht sich die rechtliche Kontrolle nicht nur auf gerichtliche Verfahren, sondern bereits die Kassenärztlichen Vereinigungen müssen solche Prüfungen einleiten.

II. Ärztliches Erfahrungswissen

Nach Auffassung von Teilen der Rechtsprechung müssen Zeitvorgaben nicht zwingend vom Bewertungsausschuss beschlossen werden[96]. Für die Notwendigkeit, Zeitprofile nur anhand bundeseinheitlicher Regelungen zu erstellen und zu verwenden, ist nichts ersichtlich. Im Gegenteil, der Gesetzgeber akzeptiert es auch in anderem Zusammenhang, nämlich z.B. bei der Wirtschaftlichkeitsprüfung nach Durchschnittswerten (§ 106 Abs. 2 S. 1 Nr. 1 SGB V), dass das vertragsärztliche Abrechnungsverhalten anhand regionaler, auf den Zuständigkeitsbereich

---

91 Vgl. BSG, Urt. vom 11.10.2017, Az. B 6 KA 37/17 R, juris Rn. 38 ff. = SozR 4-2500 § 87 Nr. 35.

92 Vgl. hierzu LSG NRW, Beschl. vom 02.01.2018, Az. L 11 KA 39/17 B ER, juris Rn. 65.

93 Vgl. BSG, Urt. vom 28.06.2017, Az. B 6 KA 36/16 R, juris Rn. 21.

94 Vgl. BSG. Urt. vom 10.12.2014, Az. B 6 KA 12/14 R, juris Rn. 26 = SozR 4-2500 § 87 Nr. 30; *Freudenberg*, in: Schlegel/Voelzke, jurisPK-SGB V, 3. Aufl. 2016, § 87 SGB V Rn. 82.

95 Vgl. BSG, Urt. vom 01.07.1992, Az. 14a/6 RKa 1/90, juris Rn. 52 = SozR 3-2500 § 87 Nr. 4.

96 So LSG NRW, Beschl. vom 02.01.2018, Az. L 11 KA 39/17 B ER, juris Rn. 70.

einer Kassenärztlichen Vereinigung beschränkter Vergleichswerte überprüft wird. Der den Gesamtvertragsparteien erteilte Auftrag, Verfahren zur Prüfung der Abrechnungen durch Plausibilitätskontrollen zu vereinbaren (§ 83 Abs. 2 SGB V), hindert die Kassenärztlichen Vereinigungen nicht daran, vertragsärztliche Abrechnungen auch ohne solche Vereinbarungen auf Plausibilität hin zu überprüfen. §§ 45, 46 BMV-Ä enthalten nämlich einen umfassenden Auftrag an die Kassenärztlichen Vereinigungen, die von den Vertragsärzten vorgelegten Abrechnungen zu kontrollieren. Zu den hierfür geeigneten Kontrollmaßnahmen gehört grundsätzlich auch die Verwendung von regionalen Zeitprofilen[97].

Soweit vor diesen Hintergründen seitens der Kassenärztlichen Vereinigungen das Vorliegen von „ärztlichem Erfahrungswissen" vorgetragen werden sollte[98], beschränkt sich dies oftmals darauf, dass das Vorliegen zwar behauptet wird, ohne hierfür jedoch irgendwelche Nachweise zu liefern. Solche Nachweise sind für die Verwendung im Rahmen von Honorarrückforderungsansprüchen jedoch zwingend erforderlich.

Wenn vorgetragen werden sollte, dass nicht nur bundeseinheitliche Regelungen, sondern auch regionale Zeitprofile geeignete Kontrollmaßnahmen für Plausibilitätsprüfungen darstellen[99], sind für regionale Profile keine nachvollziehbaren Gründe und auch keine Feststellungen ersichtlich. Insbesondere sind keine plausiblen Gründe dafür erkennbar, dass Ärzte für inhaltsgleiche Leistungen in Bayern weniger oder mehr Zeit benötigen, als in Hamburg oder in Berlin.

Wenn Honorarrückforderungsbescheiden jedoch „ärztliches Erfahrungswissen" zugrunde gelegt werden sollten, ergeben sich mehrere Problembereiche, die rechtlich ungeklärt sind: Zum einen ist zu fragen, in welchen Fällen genau „ärztliches Erfahrungswissen" herangezogen werden kann. Sicherlich reicht es nicht aus, lediglich auf normative Festlegungen zu verweisen. Zum anderen ist unklar, in welchen Fällen normative Festlegungen und in welchen Fällen „ärztliches Erfahrungswissen" herangezogen wird. Dies gilt insbesondere auch in Fallkonstellationen, in denen Evaluationen für beide Bereiche vorliegen und diese möglicherweise unterschiedliche Prüfzeiten beinhalten. Schließlich besteht auch die Gefahr, dass das „ärztliche Erfahrungswissen" von den Sozialgerichten, die

---

97 Vgl. LSG NRW, Beschl. vom 02.01.2018, Az. L 11 KA 39/17 B ER, juris Rn. 70; LSG NRW, Urt. vom 29.02.2012, Az. L 11 KA 71/08, juris Rn. 57; LSG NRW, Urt. vom 11.02.2004, Az. L 11 KA 72/03, juris Rn. 25.

98 Vgl. LSG NRW, Beschl. vom 02.01.2018, Az. L 11 KA 39/17 B ER, juris Rn. 56, 59 und 61.

99 So LSG NRW, Beschl. vom 02.01.2018, Az. L 11 KA 39/17 B ER, juris Rn. 70.

u.a. mit Vertragsärzten als ehrenamtliche Richter besetzt sind[100], im Rahmen der freien Beweiswürdigung nach § 128 Abs. 1 SGG nicht einheitlich ausgelegt wird[101].

III. Zwischenergebnis

Im Ergebnis ist festzustellen, dass Prüfzeiten im Rahmen von Plausibilitätsprüfungen der Kassenärztlichen Vereinigungen nicht verwendet werden dürfen, wenn diese Prüfzeiten weder auf normativen Festlegungen noch auf ärztlichem Erfahrungswissen beruhen. Daher dürfen fehlende Prüfzeiten nicht von den Kassenärztlichen Vereinigungen festgesetzte Zeiten ersetzt werden. Entsprechende Honorarrückforderungsbescheide der Kassenärztlichen Vereinigungen wären mangels wissenschaftlich evaluierter Prüfzeiten zumindest rechtswidrig.

Ob die Bescheide auch nichtig im Sinne der Generalklausel des § 40 Abs. 1 SGB X sind, ist unklar. Hierzu muss ein besonders schwerwiegender Form- und Inhaltsfehler angenommen werden. Ein Fehler ist dann als schwerwiegend anzusehen, wenn er so deutlich im Widerspruch zur geltenden Rechtsordnung und den ihr zugrundeliegenden Wertvorstellungen der Gemeinschaft steht, dass es unerträglich wäre, wenn der Bescheid die mit und in ihm enthaltenen Rechtswirkungen hätte, insbesondere gegen Verfassungsgrundsätze verstößt[102]. Entscheidend hierfür sind jedoch jeweils stets die Umstände des Einzelfalls[103]. Zusätzlich hinzukommen müsste die Offensichtlichkeit des Fehlers. Maßstab für die Offensichtlichkeit ist die verständige Würdigung aller in Betracht kommenden Umstände[104]. Nach der Rechtsprechung des BSG ist ein Fehler dann offensichtlich, wenn ein verständiger Durchschnittsadressat in nachvollziehender Würdigung aller in Betracht kommender rechtlicher und tatsächlicher Umstände mit Gewissheit zu der Beurteilung kommen müsste, dass der Verwaltungsakt zum Zeitpunkt seiner Bekanntgabe an dem besonders schwerwiegenden Fehler litt[105].

---

100 Vgl. § 12 Abs. 1 S. 1, Abs. 3.
101 Vgl. Beeretz, in: AG MedR, 2005, S. 3 ff. (31 f.).
102 Vgl. BVerwG, Urt. vom 22.02.1985, Az. 8 C 107/83, juris Rn. 22 = NJW 1985, 2658 ff.; BVerwG, Urt. vom 26.09.1991, Az. 4 C 36/88, juris Rn. 13 = DVBl. 1992, 568 f.; Diering/Timme/Stähler, § 40 Rn. 17.
103 Vgl. BVerwG, Urt. vom 18.12.1975, Az. 12 RJ 148/74, juris Rn. 20 = SozR 2200 § 1286 Nr. 2; Diering/Timme/Stähler, § 40 Rn. 17.
104 Vgl. Diering/Timme/Stähler, § 40 Rn. 19, 20.
105 Vgl. BSG, Urt. vom 07.09.2006, Az. B 4 RA 43/05 R, juris Rn. 31 = SozR 4-2600 § 118 Nr. 4; Diering/Timme/Stähler, § 40 Rn. 20.

Sollten keinerlei evaluative Erhebungen und damit valide Daten für die Höhe der Prüfzeiten von den zuständigen Einrichtungen verwertbar ermittelt worden sein, sind hierauf gestützte Honorarrückforderungsbescheide der Kassenärztlichen Vereinigungen zumindest rechtswidrig. In dem Zusammenhang ist darauf hinzuweisen, dass aus den derzeit vorliegenden Entscheidungen des Bewertungsausschusses keine Beschlüsse ersichtlich sind, aus denen sich eine wissenschaftliche Evaluation der Prüfzeiten ergibt[106]. Daher ist davon auszugehen, dass solche nicht vorliegen.

H. Rechtsprechung zur Verwendung von Zeitprofilen

In vielen Fällen führen die Kassenärztlichen Vereinigungen Prüfungen mittels Tages- und Quartalsprofilen durch. Die Eignung von Tagesprofilen als Indizienbeweis für nicht ordnungsgemäße Abrechnungen hat die Rechtsprechung wiederholt bejaht[107]. Insbesondere sind Tagesprofile unter bestimmten Voraussetzungen ein geeignetes – und bei übermäßiger Praxisausdehnung in der Regel das einzige – Beweismittel, um einem Arzt unkorrekte Abrechnungen nachweisen zu können.

Für Quartalsprofile, die Behandlungszeiten für Leistungen dokumentieren, die ein Vertragsarzt in einem Quartal und damit in einem deutlich längeren Zeitraum abgerechnet hat, gilt im Übrigen nichts anderes[108].

Der über Tages- und oder Quartalsprofile ermittelte zeitliche Behandlungsaufwand ist mit Durchschnittszeiten zu vergleichen[109]. Diese können normativ festgelegt sein oder auf ärztlichem Erfahrungswissen beruhen[110].

Tagesprofile stellen dabei die Addition der Behandlungszeiten für Leistungen dar[111], die der Arzt an einem Tag abgerechnet hat. Ihnen kann ein Beweiswert

---

106 Vgl. die Aufzählung und inhaltliche Wiedergabe der Beschlüsse https://institut-ba. de/ba/beschluesse.html, Abrufdatum: 24.05.2020.

107 Vgl. BSG, Urt. vom 30.10.2019, Az. B 6 KA 9/18 R, juris; BSG, Urt. vom 21.03.2018, Az. B 6 KA 47/16 R, juris Rn. 25 = ArztR 2018, 268 ff.; BSG, Urt. vom 11.03.2009, Az. B 6 KA 62/07 R, juris = BSGE 103, 1 ff; BSG, Urt. vom 24.11.1993, Az. 6 RKa 70/91, juris = BSGE 73, 234 ff.; Bayer. LSG, Urt. vom 17.01.2018, Az. L 12 KA 123/16, juris, hierzu Müller, jurisPR-MedizinR 11/2018 Anm. 3; LSG NRW, Beschl. vom 02.01.2018, Az. L 11 KA 39/17 B ER, juris Rn. 56 ff.

108 Vgl. BSG, Urt. vom 30.10.2019, Az. B 6 KA 9/18 R, juris; BSG, Beschl. vom 17.08.2011, Az. B 6 KA 27/11 B, juris Rn. 6; Bayer. LSG, Urt. vom 17.01.2018, Az. L 12 KA 123/16, juris, hierzu Müller, jurisPR-MedizinR 11/2018 Anm. 3.

109 Vgl. BSG, Urt. vom 21.03.2018, Az. B 6 KA 47/16 R, juris Rn. 26 = ArztR 2018, 268 ff.

110 Vgl. BSG, Urt. vom 24.11.1993, Az. 6 RKa 70/91, juris Rn. 26 = BSGE 73, 234 ff.

111 Vgl. BSG, Urt. vom 24.11.1993, Az. 6 RKa 70/91, juris Rn. 26 = BSGE 73, 234 ff.

nur dann zukommen, wenn bei ihrer Erstellung bestimmten Anforderungen, die sich aus der Eigenart dieses Beweismittels ergeben, genügt worden ist.

Die Profile sind ebenso und in dem Umfang gerichtlich überprüfbar, in dem im Übrigen auch auf ärztlichem Erfahrungswissen beruhende Festlegungen überprüft werden können.

Nachfolgend sollen einige Grundsätze dargestellt werden, die die Rechtsprechung aufgestellt hat:

> Zunächst dürfen für die Ermittlung der Gesamtbehandlungszeit des Arztes an einem Tag nur solche Leistungen berücksichtigt werden, die *sein Tätigwerden selbst* voraussetzen; delegationsfähige Leistungen bleiben mithin außer Betracht[112].

> Zu berücksichtigen ist auch, dass die für die einzelnen ärztlichen Leistungen zugrunde zu legenden Zeiten so bemessen sein müssen, dass auch ein *erfahrener, geübter und zügig arbeitender Arzt* die Leistungen im Durchschnitt in kürzerer Zeit schlechterdings nicht ordnungsgemäß und vollständig erbringen kann. Ob ein Arzt Befundungen schneller vornehmen kann als Ärzte seines Fachs, ist unerheblich und muss deshalb nicht ermittelt werden. Bei den im Anhang 3 zum EBM-Ä mit dem Titel „Angaben für den zur Leistungserbringung erforderlichen Zeitaufwand des Vertragsarztes gemäß § 106d Abs. 2 SGB V" ausgewiesenen Prüfzeiten handelt es sich um durchschnittliche Zeiten, die auch von erfahrenen und zügig arbeitenden Ärzten für eine ordnungsgemäße Leistungserbringung benötigt werden[113].

> Bei der Erstellung von Tagesprofilen ist weiter zu beachten, dass bestimmte Leistungen *nebeneinander berechnungsfähig* sind, der zu berücksichtigende Zeitaufwand in diesen Fällen also nicht für jede Leistung angesetzt werden darf[114].

---

112 Vgl. BSG, Urt. vom 21.03.2018, Az. B 6 KA 47/16 R, juris Rn. 22 = ArztR 2018, 268 ff.; BSG, Urt. vom 24.11.1993, Az. 6 RKa 70/91, juris Rn. 26 = BSGE 73, 234 ff., Urt. vom *Clemens*, in: Schlegel/Voelzke, jurisPK-SGB V, § 106d Rn. 192.

113 Vgl. BSG, Urt. vom 21.03.2018, Az. B 6 KA 47/16 R, juris Rn. 26 = ArztR 2018, 268 ff.; BSG, Urt. vom 24.11.1993, Az. 6 RKa 70/91, juris Rn. 26 = BSGE 73, 234 ff.; *Clemens*, in: Schlegel/Voelzke, jurisPK-SGB V, § 106d Rn. 192.

114 Vgl. BSG, Urt. vom 24.11.1993, Az. 6 RKa 70/91, juris Rn. 26 = BSGE 73, 234 ff.; Urt. vom *Clemens*, in: Schlegel/Voelzke, jurisPK-SGB V, § 106d Rn. 192.

➢ Tagesprofile müssen für einen <u>durchgehenden längeren Zeitraum</u> erstellt werden, wobei es angezeigt erscheint, wenigstens ein Abrechnungsquartal heranzuziehen[115].

➢ Nach Auffassung des LSG NRW[116] entspricht es der Qualifizierung als Durchschnittszeit, dass es sich hierbei nicht um die Festlegung absoluter Mindestzeiten handelt, sondern um eine Zeitvorgabe. die *im Einzelfall durchaus unterschritten* werden kann. Die Durchschnittszeit stellt sich bei einer ordnungsgemäßen und vollständigen Leistungserbringung als *statistischer Mittelwert* dar. Die Festlegung der für eine ärztliche Leistung aufzuwendenden Durchschnittszeit beruht auf *ärztlichem Erfahrungswissen*.

➢ Enger sieht dies das Hessische LSG. Danach handelt es sich bei den in Anhang 3 zum EBM-Ä aufgeführten Prüfzeiten im Unterschied zu den ebenfalls dort angegebenen Kalkulationszeiten nicht um Durchschnittszeiten, sondern um Mindestzeiten, die ein Vertragsarzt für die Erbringung der jeweiligen Leistung mindestens benötigt[117]. Diese sind – normativ durch den Bewertungsausschuss bestimmt – so bemessen, dass auch ein erfahrener, geübter und zügig arbeitender Arzt die Leistungen im Durchschnitt in kürzerer Zeit nicht ordnungsgemäß und vollständig erbringen kann.

Sind Tagesprofile unter Beachtung dieser Kriterien erstellt worden, ist es rechtlich unbedenklich, aus ihnen bei entsprechenden Ergebnissen im Wege des Indizienbeweises auf die Abrechnung nicht oder nicht ordnungsgemäß erbrachter Leistungen durch einen Arzt zu schließen[118].

Ergibt sich in einem Tagesprofil eine tägliche Gesamtarbeitszeit, die der Arzt unmöglich geleistet haben kann, so ist die Schlussfolgerung gerechtfertigt, er könne nicht alle abgerechneten Leistungen vollständig erbracht haben. Da nicht bzw. nicht in vollem Umfang erbrachte Leistungen nicht berechnungsfähig sind

---

115 Vgl. BSG, Urt. vom 24.11.1993, Az. 6 RKa 70/91, juris Rn. 26 = BSGE 73, 234 ff.; LSG NRW, Beschl. vom 02.01.2018, Az. L 11 KA 39/17 B ER, juris Rn. 56 ff.; *Clemens*, in: Schlegel/Voelzke, jurisPK-SGB V, § 106d Rn. 192.

116 Vgl. LSG NRW, Beschl. vom 02.01.2018, Az. L 11 KA 39/17 B ER, juris Rn. 56 ff.

117 Urt. vom 13.09.2017, Az. L 4 KA 64/14, MedR 2018, 266/268 m. Anm. Steinhilper/ Dahm, MedR 2018, 269 ff.; Clemens, in: Schlegel/Voelzke, jurisPK-SGB V, § 106d Rn. 177; Engelhard, in: Hauck/Noftz, SGB V, § 106a SGB V Rn. 71; Steinhilper, MedR 2004, 597 ff.

118 Vgl. BSG, Urt. vom 24.11.1993, Az. 6 RKa 70/91, juris Rn. 27 = BSGE 73, 234 ff.; Urt. vom *Clemens*, in: Schlegel/Voelzke, jurisPK-SGB V, § 106d Rn. 192.

(Allgemeine Bestimmungen A I, Ziff. 2.1 Satz 1 EBM), können sie im Wege der sachlich-rechnerischen Berichtigung gestrichen werden[119].

Offen gelassen hat die Rechtsprechung hingegen die hier wesentliche Frage, _wie_ die Zeitprofile zustande gekommen sind. Insbesondere ist bis heute nicht geklärt, ob den im EBM benannten Prüfzeiten wissenschaftliche Evaluationen oder etwas Vergleichbares zugrunde gelegen haben oder was überhaupt Grundlage für diese Zeitangaben gewesen ist. Dies und auch die Frage, welche Rechtsfolgen sich ergeben, wenn die Prüfzeiten nicht verwertet werden dürfe, ist die eigentliche Kernfrage der vorliegenden Bearbeitung, die vornehmlich im 3. Teil bearbeitet wird.

I. Indizienbeweise

Nach der Rechtsprechung des BSG wird bei berechtigten Zweifeln an der richtigen Anwendung der Gebührenordnung die Unrichtigkeit der ärztlichen Abrechnung vermutet. Diese Vermutung der Unrichtigkeit ist verknüpft mit einer Umkehr der Beweislast zu Lasten des betroffenen Arztes. Bei implausiblen Abrechnungen muss nicht die KÄV nachweisen, dass diese inkorrekt sind. Der Arzt muss vielmehr seinerseits den Nachweis für die sachliche Richtigkeit seiner Honorarforderungen führen, um einer Berichtigung seiner Honoraranforderungen wegen berechtigter Zweifel an der richtigen Anwendung der geänderten Gebührenordnung zu entgehen[120].

Vor diesem Hintergrund ist die Beweisführung mit Tagesprofilen dem Indizienbeweis zuzuordnen[121]; denn mit ihnen wird über den Beweis von Hilfstatsachen auf das Vorliegen beweiserheblicher Tatsachen geschlossen. Die Tatsachen für ein Indiz müssen jedoch voll bewiesen sein, also zur Überzeugung der Kassenärztlichen Vereinigungen oder der Gerichte feststehen.

Eine Beweisführung aufgrund indizieller Beweise ist jedoch grundsätzlich nur dann zulässig, wenn Möglichkeiten zur unmittelbaren Feststellung beweiserheblicher Tatsachen nicht bestehen oder mit unverhältnismäßigen Schwierigkeiten verbunden sind[122].

---

119 Vgl. LSG NRW, Urt. vom 29.02.2012, Az. L 11 KA 71/08, juris Rn. 54.
120 Vgl. BSG, Urt. vom 08.03.2000, Az. B 6 KA 16/99 R, juris Rn. 32 = SozR 3-2500 § 83 Nr. 1.
121 Vgl. Weber/Drosthe, NJW 1992, 2281, 2286; allgemein, Greger, in: Zöller, vor § 284 Rn. 5.
122 Vgl. BSG, Urt. vom 24.11.1993, Az. 6 RKa 70/91, juris Rn. 25 = BSGE 73, 234 ff.; BSG, Urt. vom 08.04.1992, Az. 6 RKa 27/90, juris Rn 30 = SozR 3-2500 § 106 Nr. 10.

Das BSG hat deshalb für die Wirtschaftlichkeitsprüfung, in deren Rahmen es regelmäßig unmöglich ist, die ursprüngliche Behandlungssituation im Nachhinein aufzuklären, die Beweisführung für eine unwirtschaftliche Behandlungsweise an Hand von Durchschnittswerten zugelassen[123]. Entsprechende Erwägungen gelten nach Auffassung des BSG in Plausibilitätsverfahren. Selbst wenn man nämlich grundsätzlich davon ausginge, dass unmittelbar nach der Behandlung durchgeführte Patientenbefragungen Aufschlüsse über das Behandlungs- und Abrechnungsverhalten des betroffenen Arztes bringen könnten und derartigen Befragungen rechtliche Hindernisse wie etwa die Berücksichtigung des Datenschutzes nicht entgegenstünden, dürften derart erhebliche Eingriffe in den Praxisbetrieb eines Arztes nur bei Vorliegen schwerwiegender Verdachtsmomente vorgenommen werden[174].

Dies wird auch geteilt von der Verwaltungsgerichtsbarkeit. Der Indizienbeweis erfordert nach Auffassung des BVerwG[125]

„zum einen Indizien (so genannte Hilfstatsachen), zum anderen Erfahrungssätze oder Erfahrungstatsachen und schließlich Denkgesetze und logische Operationen, um auf das Vorhandensein der Haupttatsache folgern zu können."

Auch das Vorliegen eines tauglichen Indizienbeweises führt jedoch nicht zu einer Umkehr der im Rahmen der Plausibilitätsprüfung den Ärzten obliegenden Beweislast für einen Abrechnungsverstoß[126].

Solche Indizienbeweise können z.b. durch Sichtung der Behandlungsdokumentation[127] (z.B. bei ambulanten Operationen die im Operations- und/oder Narkoseprotokoll nachgewiesene Schnitt-Naht-Zeiten[128]) und/oder durch Befragung der Patienten entkräftet werden[129]. Es verstößt gegen § 286 ZPO, wenn sich ein Gericht, ohne seine eigene bessere Sachkunde darzulegen, über die Aussagen eines sachkundigen Zeugen oder über vorliegende Gutachten hinwegsetzt[130]. Dabei sind Beweise erschöpfend zu erheben und auszuwerten und im Wege einer lückenlosen auch Argumentation umfassend darzustellen. Auch

---

123 Vgl. BSG, Urt. vom 08.04.1992, Az. 6 RKa 27/90, juris Rn. 30 = BSGE 70, 246 ff.

124 Vgl. BSG, Urt. vom 24.11.1993, Az. 6 RKa 70/91, juris Rn. 25 = BSGE 73, 234 ff.

125 Vgl. BVerwG, Beschl. vom 14.10.2005, Az. 6 B 6/04, juris Rn. 148 = NVwZ 2005, 1441 ff.

126 Vgl. Harney/Remmert, Radiologie & Recht, 11/2014, 1, 5.

127 Vgl. Harneit, ZMGR 2014, 6 ff.

128 Vgl. Scholl-Eickmann, GesR 2018, 426/430.

129 Vgl. Wiedemann, IWW Abrechnung aktuell, 6/1999, S. 1.

130 Vgl. BGH, Urt. vom 25.10.2002, Az. V ZR 293/01, juris Rn. 7 = NJW 2003, 1325 f.; Scholl-Eickmann, GesR 2018, 426, 429.

sind einzelne Beweisergebnisse nicht nur isoliert werten, sondern in eine umfassende Gesamtwürdigung eingestellt wurden[131].

Im Rahmen der Amtsermittlung sind die Kassenärztlichen Vereinigungen dazu verpflichtet, entsprechende Ermittlungen anzustellen, wenn Anhaltspunkte dafür vorliegen. Eine entsprechende Verpflichtung ergibt sich sowohl aus § 20 SGB X und auch aus § 12 Abs. 3 S. 1 RiL.

Die Praxis vieler Kassenärztlicher Vereinigungen sieht jedoch anders aus. Selbst umfassender Vortrag unter Beifügung von Behandlungsdokumentationen und/oder Zeugenaussagen werden schlicht ignoriert. Beispielhaft wird darauf verwiesen, dass ein anwaltlich unterstützter Arzt im Rahmen eines Anhörungsverfahrens vor Bescheidung umfassend versucht hat, die Indizienfeststellungen einer Kassenärztlichen Vereinigung zu entkräften. Antwort hierauf: *„Die von Ihnen vorgelegte Stellungnahme konnte Dr. xxx nicht entkräften."*[132]

J. Honorarrückforderungsbescheide

Rechtsgrundlage der sachlich-rechnerischen Richtigstellung und Rückforderung ist § 106d Abs. 2 S. 1 SGB V. Danach stellen die Kassenärztlichen Vereinigungen die sachliche und rechnerische Richtigkeit der Abrechnungen der Vertragsärzte fest; dazu gehört auch die arztbezogene Prüfung der Abrechnungen auf Plausibilität sowie die Prüfung der abgerechneten Sachkosten. Die Prüfung auf sachlich-rechnerische Richtigkeit der Abrechnungen des Vertragsarztes zielt auf die Feststellung, ob die Leistungen rechtmäßig, also im Einklang mit den gesetzlichen, vertraglichen oder satzungsrechtlichen Vorschriften des Vertragsarztrechts, erbracht und abgerechnet worden sind[133].

Rechtsgrundlage für Honorarrückforderungsansprüche der Kassenärztlichen Vereinigungen ist § 50 Abs. 1 S. 1 SGB X[134]. § 50 SGB X ergänzt §§ 44 ff. SGB X und regelt die Rückabwicklung nach Rücknahme des leistungsgewährenden Honorarbescheides[135]. Die Vorschrift ist auf einen billigen Ausgleich

---

131 Vgl. BGH, Urt. vom 29.08.2007, Az. 2 StR 284/07, juris Rn. 9; Scholl-Eickmann, GesR 2018, 426, 429.

132 Vgl. auch Willaschek, ZMGR 2015, 387/388.

133 Vgl. BSG, Urt. vom 28.8.2013, Az. B 6 KA 50/12 R, juris Rn. 17 m.w.N. = SozR 4-2500 § 106a Nr. 12.

134 Vgl. Harneit, in: ARGE MedR, S. 361 ff.

135 Vgl. BSG, Urt. vom 13.02.2019, Az. B 6 KA 56/17 R, juris Rn. 17; BSG, Urt. vom 13.02.2019, Az. B 6 KA 58/17 R, juris Rn. 13; Diering/Timme/Stähler, § 50 Rn. 1.

ungerechtfertigter Vermögensverschiebungen gerichtet[136]. Das BSG spricht insoweit von der „*Kehrseite eines sozialrechtlichen Leistungsverhältnisses*"[137].

Die Befugnis zu Richtigstellungen besteht nach Auffassung des BSG auch für bereits erlassene Honorarbescheide (nachgehende Richtigstellung). Sie bedeutet dann im Umfang der vorgenommenen Korrekturen eine teilweise Rücknahme des Honorarbescheids. § 106d Abs. 2 S. 1 SGB V stellt insoweit eine Sonderregelung dar, die gemäß § 37 Abs. 1 SGB I in ihrem Anwendungsbereich die Regelung des § 45 SGB X verdrängen. Eine nach den Bestimmungen zur sachlich-rechnerischen Richtigstellung rechtmäßige (Teil-)Rücknahme des Honorarbescheids mit Wirkung für die Vergangenheit löst nach § 50 Abs. 1 S. 1 SGB X eine entsprechende Rückzahlungsverpflichtung des Empfängers der Leistung, d.h. des Arztes aus[138].

---

136 Vgl. BVerwG, Urt. vom 06.09.1988, Az. 4 C 5/86, juris Rn. 23 = BVerwGE 80, 177 ff.

137 Vgl. BSG, Urt. vom 29.10.1986, Az. 7 RAr 77/85, juris Rn. 16, 19 = SozR 1300 § 50 Rn. 13.

138 Vgl. BSG, Urt. vom 13.02.2019, Az. B 6 KA 56/17 R, juris Rn. 17; BSG, Urt. vom 13.02.2019, Az. B 6 KA 58/17 R, juris Rn. 14; BSG, Urt. vom 28.08.2013, Az. B 6 KA 50/12 R, juris Rn. 17 m.w.N. = SozR 4-2500 § 106a Nr. 12; zum Schätzungsermessen BSG, Urt. vom 24.10.2018, Az. B 6 KA 43/17 R, juris Rn. 25 = MedR 2019, 598 ff., LSG NRW, Beschl. vom 20.03.2019, Az. L 11 KA 76/18 B ER, juris Rn. 65 = GesR 2019, 446 ff., Ossege, GesR 2019, 352 ff.

Dritter Teil: Verfassungsrechtlicher Schutzanspruch

A. Verfassungsrechtliche Abwehransprüche

Honorarrückforderungsansprüche der Kassenärztlichen Vereinigungen verstoßen mangels einfachgesetzlicher Regelungen möglicherweise gegen die Verfassung, sofern sie von den Kassenärztlichen Vereinigungen erlassen worden sind und sich auf die Zeitvorgaben des EBM stützen. In der Normenhierarchie unterhalb des Grundgesetzes liegende normative Festlegungen zum Schutz der Ärzte sind insoweit nicht vorhanden.

Die mit entsprechenden Honorarrückforderungsbescheiden konfrontierten Ärzte könnten sich daher lediglich unmittelbar auf Abwehransprüche aus den Grundrechten aus Art. 12 Abs. 1, Art. 14 Abs. 1 und Art. 2 Abs. 1 GG berufen. Diese – neuen – Ansätze bilden den Kernbereich der hier vorliegenden Bearbeitung und werden nachfolgend weiter ausgeführt.

I. Funktionen von Grundrechten

Die meisten Grundrechte beinhalten eine Doppelfunktion, zum einen eine subjektiv-rechtliche und zum anderen eine objektiv-rechtliche Funktion. Die „Funktion" der Grundrechte beschreibt dabei die rechtliche Wirkung der Grundrechte. Diese geht von der Terminologie her zurück auf die sog. Statuslehre von *Jellinek*[139]. Danach werden drei Funktionsbereich unterschieden:

➢ Grundrechte als Abwehrrechte (sog. status negativus),
➢ Grundrechte als Leistungsrechte (sog. status positivus) und
➢ Grundrechte als Rechte zur aktiven Teilnahme (sog. status activus)[140].

In ihrer subjektiv-rechtlichen Funktion beinhalten die Grundrechte subjektiv-öffentliche Rechte, namentlich eine konkrete Begünstigung des Einzelnen. Die subjektiv-rechtliche Funktion der Grundrechte zeigt sich oftmals bereits am Wortlaut: Viele Grundrechte sind bereits dem Wortlaut nach als „Recht auf" (Art. 2 Abs. 1 und Abs. 2 S. 1 GG) oder als „Recht" (Art. 5 Abs. 1 S. 1, Art. 7 Abs. 4, Art. 8 Abs. 1, Art. 9 Abs. 1, Art. 12 Abs. 1 S. 1, Art. 17 GG) ausformuliert.

---

139 Zitiert u.a. von Gröpl/Windthorst/von Coelln, GG, Vorbem. Rn. 31 und Kingreen/Poscher, Rn. 96; grundlegend auch Stern, Staatsrecht, Band III/1, § 66.
140 Vgl. Nachweise bei Kingreen/Poscher, Rn. 95 ff.

Andere Grundrechte verwenden den Begriff der „Freiheit" (Art. 2 Abs. 2 S. 2, Art. 4 Abs. 1, Art. 5 Abs. 1 S. 2 GG), der ebenfalls ein rechtliches Dürfen gewährleistet[141].

Die subjektiv-rechtliche Funktion der Grundrechte richtet sich primär nach dem zu schützenden Gut. Sie werden unterteilt in Freiheitsrechte, Leistungsrechte und Gleichheitsrechte[142].

Maßgeblich für die objektiv-rechtliche Funktion ist hingegen die Rechtsprechung des BVerfG. Danach enthalten die grundrechtlichen Verbürgungen nicht lediglich subjektive Abwehrrechte des Einzelnen gegen die öffentliche Gewalt,

> *„sondern stellen zugleich objektivrechtliche Wertentscheidungen der Verfassung dar, die für alle Bereiche der Rechtsordnung gelten und Richtlinien für Gesetzgebung, Verwaltung und Rechtsprechung geben (…); dies wird am deutlichsten in Art. 1 Abs. 1 Satz 2 GG ausgesprochen, wonach es Verpflichtungen aller staatlichen Gewalt ist, die Würde des Menschen zu achten und zu schützen. Daraus können sich verfassungsrechtliche Schutzpflichten ergeben, die es gebieten, rechtliche Regelungen so auszugestalten, daß auch die Gefahr von Grundrechtsverletzungen eingedämmt bleibt."*[143]

Es geht darum, den Handlungs- und Entscheidungsspielraum zu begrenzen[144].

Vorliegend maßgeblich sind jedoch lediglich individuelle Freiheitsrechte, da es hier ausschließlich darum geht, Honorarrückforderungsbescheide der Kassenärztlichen Vereinigung abzuwehren. Freiheitsrechte sollen nach Auffassung des BVerfG[145]

> *„die Freiheitssphäre des einzelnen vor Eingriffen der öffentlichen Gewalt […] sichern; sie sind Abwehrrechte des Bürgers gegen den Staat. Das ergibt sich aus der geistesgeschichtlichen Entwicklung der Grundrechtsidee wie aus den geschichtlichen Vorgängen, die zur Aufnahme von Grundrechten in die Verfassungen der einzelnen Staaten geführt haben. Diesen Sinn haben auch die Grundrechte des Grundgesetzes, das mit der Voranstellung des Grundrechtsabschnitts den Vorrang des Menschen und seiner Würde gegenüber der Macht des Staates betonen wollte. Dem entspricht es, daß der Gesetzgeber den besonderen Rechtsbehelf zur Wahrung dieser Rechte, die Verfassungsbeschwerde, nur gegen Akte der öffentlichen Gewalt gewährt hat."*

Freiheitsrechte gewährleisten somit „Freiheit vom Staat"[146]. Da Freiheitsrechte primär auf die Abwehr staatlicher Eingriffe gerichtet sind, überwiegt bei ihnen die Abwehrfunktion[147].

---

141 Vgl. Ipsen, Staatsrecht II, Rn. 71; Kingreen/Poscher, Rn. 98, 100.
142 Vgl. Gröpl/Windthorst/von Coelln, GG, Vorbem. Rn. 29 ff.
143 So BVerfG, Urt. vom 08.08.1978, Az. 2 BvL 8/77, juris Rn. 117 = BVerfGE 49, 89 ff.
144 Vgl. Kingreen/Poscher, Rn. 97.
145 Vgl. BVerfG, Urt. vom 15.01.1958, Az. 1 BvR 400/51, juris Rn. 25 = BVerfGE 7, 198 ff.
146 Vgl. Kingreen/Poscher, Rn. 96.
147 Vgl. grundlegend Poscher, Grundrechte als Abwehrrechte, 2003; Jarass/Pieroth, Vorb. Art. 1 Rn. 5.

Kassenärztliche Vereinigungen sind in Deutschland gemäß § 77 Abs. 5 SGB V Körperschaften des öffentlichen Rechts und damit staatliche Einrichtungen, die als solche unmittelbar an geltendes Recht gebunden sind, Art. 1 Abs. 3 GG.

Im Rahmen der den Kassenärztlichen Vereinigungen zugewiesenen Aufgaben besitzen diese das Recht zur Selbstverwaltung und Satzungsautonomie. Aus ihrer Rechtsstellung ergibt sich ihre Berechtigung, gegenüber ihren Mitgliedern hoheitlich, d.h. durch Verwaltungsakt zu handeln[148]. Sie erlassen mithin Honorarbescheide und auch Honorarrückforderungsbescheide[149].

Vor diesen Hintergründen soll nachfolgend untersucht werden, ob Ärzte aus Grundrechten ein Abwehrrecht gegen die Kassenärztlichen Vereinigungen haben, ob sie mithin einen Anspruch habe, Eingriffe,

⇨ wenn sie bevorstehen, zu unterlassen und

⇨ wenn sie bereits geschehen sind, aufzuheben bzw. zu beseitigen[150].

II. Art. 12 Abs. 1 GG

Honorarrückforderungsbescheide der Kassenärztlichen Vereinigungen könnten gegen die Schutzrechte der Ärzte aus Art. 12 Abs. 1 GG, also das Recht, eine Tätigkeit als Beruf zu ergreifen und möglichst unreglementiert auszuüben, verstoßen[151]. Die Vorschrift lautet:

> *„Alle Deutschen haben das Recht, Beruf, Arbeitsplatz und Ausbildungsstätte frei zu wählen. Die Berufsausübung kann durch Gesetz oder auf Grund eines Gesetzes geregelt werden."*

Dem Grundrecht kommt insoweit eine weit über den individuellen Bezug hinausgehende Bedeutung zu. Auch wenn Art. 12 Abs. 1 GG primär der freien Entfaltung der Persönlichkeit im beruflichen Bereich dient, bildet es zugleich einen zentralen Grundpfeiler für die Wirtschaftsordnung des Staates. Insoweit ist eine

---

148 So *Steinmann-Munzinger/Engelmann*, in: Schlegel/Voelzke, jurisPK-SGB V, § 77 Rn. 22.

149 Vgl. grundsätzlich Schmidt-Aßmann, in: Maunz/Dürig, GG, Art. 19 Abs. 4 Rn. 123 ff.

150 Vgl. Kingreen/Poscher Rn. 96; Laubinger, VerwArch. Bd. 80, 261, 299 (1989); Gusy, ZJS 2008, 233 ff. (insbes. 234 ff. zu Kap. II. Abwehrrechtliche Ansprüche); Baumeister, S. 22 ff.

151 Vgl. BVerfG, Beschl. vom 30.03.1993, Az. 1 BvR 1045/89, 1 BvR 1381/90, 1 BvL 11/90, juris Rn. 49 = BVerfGE 88, 145 ff.

Wechselwirkung Berufsfreiheit und wettbewerblicher Grundstruktur anzunehmen[152]. Bei Hufen heißt dies überspitzt[153]: „*Der Plural von Berufsfreiheit heißt Wettbewerb*".

Dabei ist die Freiheit, einen Beruf auszuüben, untrennbar verbunden mit der Freiheit, eine angemessene Vergütung zu fordern. Gesetzliche Vergütungsregelungen sind daher am Maßstab des Art. 12 Abs. 1 GG zu messen. Das gilt nicht nur für Vorschriften, die die Anspruchsgrundlage selbst betreffen. Auch Regelungen, die lediglich die Durchsetzung von Vergütungsansprüchen beschränken, fallen in den Schutzbereich des Art. 12 Abs. 1 GG[154].

1. Schutzbereich

Die Ärzte müssen vom Schutzbereich des Art. 12 Abs. 1 GG umfasst sein, soweit sie aufgrund der Honorarrückforderungsbescheide der Kassenärztlichen Vereinigungen ihre Tätigkeit als Vertragsarzt aus rein ökonomischen Gründen nicht mehr ausüben können.

a) Persönlicher Schutzbereich

Bei Art. 12 Abs. 1 GG handelt es sich um ein sog. Deutschen- oder Bürgergrundrecht, so dass sich alle Deutschen Staatsbürger im Sinne von Art. 116 Abs. 1 GG vom Schutzumfang der Vorschrift umfasst sind[155].

Soweit Ärzte keine Deutschen Staatsbürger sind, können sie sich bei Vorliegen der entsprechenden Voraussetzungen auf die allgemeine Handlungsfreiheit aus Art. 2 Abs. 1 GG berufen[156].

Auch inländische Berufsausübungsgemeinschaften (BAG) und Medizinische Versorgungszentren (MVZ) können sich auf den Schutz des Art. 12 Abs. 1 GG berufen. Dies ergibt sich aus Art. 19 Abs. 3 GG. Denn nach der Rechtsprechung des BVerfG wird die Freiheit der Berufsausübung durch Art. 12 Abs. 1 GG umfassend geschützt. Nach Maßgabe des Art. 19 Abs. 3 GG können inländische

---

152 So Stern, Staatsrecht, Band IV/1, § 111 S. 1765, 1766 und 1787 ff.

153 Hufen, NJW 1994, 2913, 2915.

154 Vgl. BVerfG, Beschl. vom 30.03.1993, Az. 1 BvR 1045/89, 1 BvR 1381/90, 1 BvL 11/90, juris Rn. 49 = BVerfGE 88, 145 ff.

155 Derzeit rechtlich ungeklärt ist die Frage, ob sich auch nicht-deutsche EU-Bürger auf Art. 12 Ab. 1 GG berufen können, vgl. Stern, Staatsrecht, Band IV/1, § 111 S. 1830, 1831; Kämmerer, in: vMünch, Art. 12 Rn. 10; Jarass/Pieroth, Art. 12 Rn. 12; Gröpl/Windthorst/von Coelln, GG, Art. 12 Rn. 7; Sodan, in: Sodan, Art. 12 Rn. 19.

156 Vgl. BVerfG, Urt. vom 16.01.1964, 1 BvR 253/56, juris Rn. 16; Stern, Staatsrecht, Band IV/1, § 111 S. 1828.

juristische Personen des Privatrechts im Gegensatz zu juristischen Personen des öffentlichen Rechts den Schutz der Berufsfreiheit beanspruchen, soweit sie eine Erwerbszwecken dienende Tätigkeit ausüben, die ihrem Wesen und ihrer Art nach in gleicher Weise einer juristischen wie einer natürlichen Person offensteht[157].

Nach Auffassung des BSG fallen sowohl das Betreiben eines MVZ als auch die ärztliche Tätigkeit dort unter den Schutzbereich der Berufsfreiheit nach Art. 12 Abs. 1 GG. Allerdings können sich das MVZ und der einzelne Arzt jeweils nur auf „ihre eigene" berufliche Tätigkeit berufen, so dass das MVZ nicht die Berufsausübungsfreiheit der bei ihm tätigen Ärzte geltend machen kann[158].

Rechtlich ungeklärt ist noch die Frage, ob auch von Kommunen gegründete MVZ unter der Schutzbereich des Art. 12 Abs. 1 GG fallen. In § 95 Abs. 1a S. 1 SGB V heißt es auszugsweise:

> *„Medizinische Versorgungszentren können von (…) Kommunen gegründet werden; die Gründung ist nur in der Rechtsform einer Personengesellschaft, einer eingetragenen Genossenschaft oder einer Gesellschaft mit beschränkter Haftung oder in einer öffentlich rechtlichen Rechtsform möglich."*

Da die öffentliche Hand nicht Grundrechtsträger sein kann, ist dies wohl abzulehnen, zumindest wenn sich der Anteilsbesitz bzw. die Gesellschafteranteile mehrheitlich in den Händen des Staates befinden[159]. Nach Auffassung des BVerfG kommt es allein darauf an, ob die Leistung ihrer Rechtsnatur nach in Erfüllung einer öffentlichen Aufgabe erbracht wird[160].

b) Sachlicher Schutzbereich

Der sachliche Schutzbereich der Berufsfreiheit muss vom Begriff des Berufs her bestimmt werden. Der Begriff *„Beruf"* im Sinne von Art. 12 Abs. 1 GG ist weit auszulegen. Er wird definiert als jede auf Erwerb gerichtete Tätigkeit, die auf eine gewisse Dauer angelegt ist[161].

---

157 Vgl. Scholz, in Maunz/Dürig, GG, Art. 12 Rn. 106 ff.; Stern, Staatsrecht, Band IV/1, § 111 S. 1832 ff.
158 Vgl. BSG, Urt. vom 11.10.2017, Az. B 6 KA 27/16 R, juris Rn. 42 = GesR 2018, 251 ff.; BSG, Urt. vom 21.03.2012, Art. B 6 KA 22/11 R, juris Rn. 30 = GesR 2012, 539 ff.
159 Vgl. Stern, Staatsrecht, Band IV/1, § 111 S. 1839.
160 Vgl. BVerfG, Beschl. vom 07.06.1977, Az. 1 BvR 108/73, 1 BvR 424/73, 1 BvR 226/74, juris Rn. 47 = BVerfGE 45, 63 ff.; Welti, GesR 2015, 1 ff.; Landau, S. 592 ff.
161 Vgl. BVerfG, Beschl. vom 09.06.2004, Az. 1 BvR 636/02, juris Rn. 97 = BVerfGE 111, 28 ff.

Der Schutz durch das Grundrecht der Berufsfreiheit wird jedoch nicht schon dann versagt, wenn das einfache Recht die gewerbliche Ausübung dieser Tätigkeit verbietet. Vielmehr kommt eine Begrenzung des Schutzbereichs von Art. 12 Abs. 1 GG in dem Sinne, dass dessen Gewährleistung von vornherein nur erlaubte Tätigkeiten umfasst allenfalls hinsichtlich solcher Tätigkeiten in Betracht, die schon ihrem Wesen nach als verboten anzusehen sind, weil sie aufgrund ihrer Sozial- und Gemeinschaftsschädlichkeit schlechthin nicht am Schutz durch das Grundrecht der Berufsfreiheit teilhaben können[162].

Ob die Tätigkeit selbständig (z.b. als Vertragsarzt oder Gesellschafter einer Berufsausübungsgemeinschaft) oder unselbständig (z.b. als Angestellter eines MVZ) ausgeübt wird, ist unerheblich[163].

Ärzte sind vom sachlichen Schutzbereich des Art. 12 Abs. 1 GG umfasst, Vertragsärzte hingegen nicht. Wie an anderer Stelle bereits ausgeführt, handelt es sich bei der Tätigkeit als Vertragsarzt nicht um einen eigenen Beruf, sondern nur um eine Ausübungsform des Berufs des frei praktizierenden Arztes[164].

c) Eingriff

Als Eingriff bezeichnet man alle Maßnahmen öffentlicher Gewalt, die die Freiheiten des Art. 12 Abs. 1 GG final und unmittelbar beeinträchtigen. Eine finale und unmittelbare Beeinträchtigung des Art. 12 Abs. 1 GG ist durch Honorarrückforderungsbescheide nicht gegeben.

Jedoch umfasst Art. 12 Abs. 1 GG auch mittelbare Beeinträchtigungen. Um zu verhindern, dass der Staat keine Regelungen mehr trifft, die von dem Grundrecht geschützt werden, hat das BVerfG insoweit eine besondere Formel entwickelt. Danach kann ein Eingriff in den Schutzbereich des Art. 12 Abs. 1 GG auch dann vorliegen, wenn staatliche Maßnahmen, die primär andere Zielsetzungen verfolgen, also unmittelbar auf andere Rechtsfolgen gerichtet sind, tatsächlich (mittelbaren) Auswirkungen auf die Freiheit der Berufsausübung haben. Die Berufsfreiheit nach Art. 12 Abs. 1 GG ist mithin auch dann berührt, wenn sich die Maßnahmen zwar nicht auf die Berufstätigkeit selbst beziehen, aber Rahmenbedingungen der Berufsausübung verändern, infolge ihrer Gestaltung in einem engen Zusammenhang mit der Ausübung eines Berufs stehen und objektiv

---

162 Vgl. BVerfG, Urt. vom 28.03.2006, Az. 1 BvR 1054/01, juris Rn. 83 = BVerfGE 115, 276 ff.; Gröpl/Windthorst/von Coelln, GG, Art. 12 Rn. 18.

163 Urt. vom 11.06.1958, Az. 1 BvR 596/56, juris Rn. 59 = BVerfGE 7, 377 ff.

164 Vgl. BVerfG, Beschl. vom 26.09.2016, Az. 1 BvR 1326/15, juris Rn. 22 = GesR 2016, 767 ff.

berufsregelnde Tendenzen entfalten. Das Grundrecht ist auch dann berührt, wenn bei faktischen oder mittelbaren Beeinträchtigungen ihre Zielsetzung und ihre Wirkungen einem Eingriff als funktionales Äquivalent gleichkommen[165].

Da seitens der Kassenärztlichen Vereinigungen mit Honorarrückforderungen nicht zielgerichtet Berufsregelungen aufgestellt werden sollen, liegt kein unmittelbarer Eingriff in Art. 12 Abs. 1 GG vor. Dennoch liegt ein mittelbarer Eingriff vor, jedenfalls wenn die Ärzte ihren Beruf als Arzt nicht mehr ausüben können, da die Höhe der Honorarrückforderungsbescheide (einzeln oder im Zusammenhang mit weiteren Honorarrückforderungsbescheiden) regelmäßig einen weiteren Praxisbetrieb aus rein ökonomischen Gründen ausschließen.

In dem Zusammenhang ist nochmals darauf hinzuweisen, dass Widerspruche und Klagen gegen Honorarrückforderungsbescheide keine aufschiebende Wirkung haben, § 85 Abs. 4 S. 6 SGB V. Daraus folgt grundsätzlich, dass Ärzte sofort, d.h. unverzüglich die in den Bescheiden benannten Summen an die Kassenärztlichen Vereinigungen zurückzahlen müssen[166]; dies gilt ausnahmsweise dann nicht, wenn Ratenzahlungsvereinbarungen zustande kommen. Der vorbenannte Grundsatz hat zur Folge, dass die Ärzte für den Betrieb ihrer Praxen zwar Ausgaben haben (z.B. für Löhne, Mieten, Leasing), aber eben keine Honorareinnahmen vorhanden sind. Vor diesen Hintergründen ist in diesen Bereichen ein Eingriff in Art. 12 Abs. 1 GG zu bejahen.

2. Schranken

Grundsätzlich weisen die einzelnen Grundrechte unterschiedliche Schranken auf. Zum einen ergeben sich die Schranken ausdrücklich aus dem Wortlaut der jeweiligen Norm (sog. Gesetzesvorbehalt). Zum anderen ergeben sich die Schranken aus dem Gesamtinhalt des Grundgesetzes (sog. verfassungsimmanente Schranke)[167].

Der Eingriff der Kassenärztlichen Vereinigungen ist gerechtfertigt, wenn er von den Schranken des Art. 12 GG gedeckt ist.

In das durch Art. 12 Abs. 1 GG garantierte Grundrecht der Berufsfreiheit darf gemäß Art. 12 Abs. 1 S. 2 GG nur *„durch Gesetz"* oder *„auf Grund eines Gesetzes".*

---

165 Vgl. BVerfG, Beschl. vom 25.07.2007, Az. 1 BvR 1031/07, juris Rn. 32 = NVwZ 2007, 1168 ff.; BVerfG, Beschl. vom 13.07.2004, Az. 1 BvR 1298/94, 1 BvR 1299/94, 1 BvR 1332/95, 1 BvR 613/97, juris Rn. 138 = BVerfGE 111, 191 ff.; BVerwG, Urt. 18.04.1985, Az. 3 C 34.84, juris Rn. 41, 46 = PharmaR 1985, 104 ff.; Jarass/Pieroth, Art. 12 Rn. 14 f.
166 Vgl. §§ 121 Abs. 1 S. 1, 271 Abs. 1 BGB.
167 Vgl. Gröpl/Windthorst/von Coelln, GG, Vorbem. Rn. 104.

Der Unterschied zwischen beiden Schrankenarten besteht darin, dass im ersten Fall der Gesetzgeber selber den Eingriff vornimmt. Im zweiten Fall kann auch die Verwaltung oder die Rechtsprechung den Eingriff vornehmen[168]; es reicht somit aus, wenn insoweit eine gesetzliche Grundlage vorhanden ist und wenn der Eingriff unter Beachtung des Grundsatzes der Verhältnismäßigkeit erfolgt[169]. Somit sind Beschränkungen in Gestalt von Satzungen und Rechtsverordnungen oder aufgrund dieser Rechtsgrundlagen in Form eines Verwaltungs- oder Real- aktes zulässig[170].

Vor diesen Hintergründen ist es grundsätzlich rechtlich möglich, dass Hono- rarrückforderungsbescheide der Kassenärztlichen Vereinigungen die Grund- rechte der Ärzte aus Art. 12 Abs. 1 GG einschränken.

a) Gesetzliche Grundlage

Die Eingriffe der Kassenärztlichen Vereinigungen in die Rechte der Ärzte aus Art. 12 Abs. 1 GG kann gerechtfertigt sein durch § 106d Abs. 2 S. 4 SGB V. Die Vorschrift lautet:

> *„Soweit Angaben zum Zeitaufwand nach § 87 Abs. 2 Satz 1 zweiter Halbsatz bestimmt sind, sind diese bei den Prüfungen nach Satz 2 zu Grunde zu legen."*

Die in § 106d Abs. 2 S. 4 SGB V benannte Vorschrift des § 87 Abs. 2 S. 1, 2. Hs. SGB V lautet:

> *„soweit möglich, sind die Leistungen mit Angaben für den zur Leistungserbringung erfor- derlichen Zeitaufwand des Vertragsarztes zu versehen;"*

Wie bereits an anderer Stelle ausgeführt, müssen Prüfzeiten entweder normativ festgelegt sein[171] oder auf ärztlichem Erfahrungswissen beruhen[172]. Grundlage dieser Prüfzeiten müssen aber in jedem Fall empirische Erhebungen und damit validen Daten sein. Sofern solche nicht vorhanden sind, ist eine Plausibilitäts- prüfung mangels gesetzlicher Grundlage nicht verwertbar und ein entsprechen- der Honorarrückforderungsbescheid zumindest rechtswidrig.

---

168 Vgl. Gröpl/Windthorst/von Coelln, GG, Vorbem. Rn. 106, 129.
169 Vgl. BVerfG, Beschl. vom 12.01.2016, Az. 1 BvL 6/13, juris Rn. 47 = BVerfGE 141, 82 ff.
170 Vgl. BVerfG, Beschl. vom 26.09.2016, Az. 1 BvR 1326/15, juris Rn. 23 = GesR 2016, 767 ff.; Gröpl/Windthorst/von Coelln, GG, Vorbem. Rn. 106 und Art. 12 Rn. 47, 48; Kämmerer, in: vMünch, Art. 12 Rn. 53 ff.
171 Vgl. LSG NRW, Beschl. vom 02.01.2018, Az. L 11 KA 39/17 B ER, juris Rn. 59.
172 Vgl. BSG, Urt. vom 24.11.1993, Az. 6 RKa 70/91, juris Rn. 26 = BSGE 73, 234 ff.

b) Grundsatz der Verhältnismäßigkeit

Die Eingriffe der Kassenärztlichen Vereinigungen in die Rechte der Ärzte aus Art. 12 Abs. 1 GG kann dem Grundsatz der Verhältnismäßigkeit entsprechen. Der Grundsatz der Verhältnismäßigkeit ist ein Merkmal des deutschen Rechtsstaats. Zweck des Grundsatzes ist es, vor übermäßigen Eingriffen des Staats in Grundrechte, insbesondere auch in die allgemeine Handlungsfreiheit, zu schützen. Als verfassungsrechtliches Gebot ist der Grundsatz der Verhältnismäßigkeit gemäß Art. 1 Abs. 3, Art. 20 Abs. 3 GG für die gesamte Staatsgewalt unmittelbar verbindlich. Der Grundsatz wird abgeleitet aus dem Rechtsstaatsprinzip gemäß Art. 20 Abs. 3 GG[173]; er wird zum Teil auch als Kernelement des Rechtsstaatsprinzips bezeichnet und ist durch Art. 79 Abs. 3 GG dem Zugriff des verfassungsändernden Gesetzgebers entzogen[174].

Das BVerfG wendet die Verhältnismäßigkeitsprüfung bei Art. 12 Abs. 1 GG anders an, als bei anderen Grundrechten. Insbesondere richtet sich die Frage der Verhältnismäßigkeit nach der Drei-Stufen-Theorie[175].

Der Gesetzgeber muss Regelungen nach Art. 12 Abs. 1 S. 2 GG jeweils auf der „Stufe" vornehmen, die den geringsten Eingriff in die Freiheit der Berufswahl mit sich bringt, und darf die nächste „Stufe" erst dann betreten, wenn mit hoher Wahrscheinlichkeit dargelegt werden kann, dass die befürchteten Gefahren mit verfassungsmäßigen Mitteln der vorausgehenden „Stufe" nicht wirksam bekämpft werden können[176]. Je höher dabei die festgestellte Eingriffsintensität ist, desto strenger sind die Eingriffsvoraussetzungen.

Das heißt nach Auffassung des BVerfG jedoch nicht, dass die Befugnisse des Gesetzgebers hinsichtlich jeder dieser „Phasen" der Berufstätigkeit inhaltlich gleich weit gehen. Denn es bleibt stets der im Wortlaut des Art. 12 Abs. 1 GG deutlich zum Ausdruck kommende Wille der Verfassung zu beachten, dass die Berufswahl „frei" sein soll, die Berufsausübung geregelt werden darf. Dem entspricht nur eine Auslegung, die annimmt, dass die Regelungsbefugnis die beiden „Phasen" nicht in gleicher sachlicher Intensität erfasst, dass der Gesetzgeber vielmehr umso stärker beschränkt ist, je mehr er in die Freiheit der Berufswahl eingreift. Diese Auslegung entspricht auch den Grundauffassungen der Verfassung und dem von ihr vorausgesetzten Menschenbild. Die Berufswahl soll ein Akt der Selbstbestimmung, des freien Willensentschlusses des Einzelnen, sein; sie muss

---

173 Vgl. Grzezick, in: Maunz/Dürig, GG, Art. 20 Rn. 107 f.
174 Vgl. Gröpl/Windthorst/von Coelln, GG, Art. 20 Rn. 155.
175 Vgl. BVerfG, Urt. vom 11.06.1958, Az. 1 BvR 596/56, juris Rn. 68 = BVerfGE 7, 377 ff.
176 Vgl. BVerfG, Urt. vom 11.06.1958, Az. 1 BvR 596/56, juris Rn. 80 = BVerfGE 7, 377 ff.

von Eingriffen der öffentlichen Gewalt möglichst unberührt bleiben. Durch die Berufsausübung greift der Einzelne unmittelbar in das soziale Leben ein; hier können ihm im Interesse der andern und der Gesamtheit Beschränkungen auferlegt werden[177].

Neben dem Gesetzesvorbehalt des Art. 12 Abs. 1 S. 2 GG gelten auch für die Berufsfreiheit die verfassungsimmanenten Schranken, also das kollidierende Verfassungsrecht[178].

aa) Einordnung in eine Stufe

Zu klären ist daher, welcher Stufe eine verfassungsmäßige Rechtfertigung anzusiedeln ist, wenn die Ärzte ihren Beruf als Arzt nicht mehr ausüben können, da die Höhe der Honorarrückforderungsbescheide (einzeln oder im Zusammenhang mit weiteren Honorarrückforderungsbescheiden) regelmäßig einen weiteren Praxisbetrieb aus ökonomischen Gründen ausschließen.

bb) 1. Stufe: Berufsausübungsregelungen

Am freiesten ist der Gesetzgeber, wenn er im Rahmen der 1. Stufe eine reine Ausübungsregelung trifft, die auf die Freiheit der Berufswahl nicht zurückwirkt, vielmehr nur bestimmt, in welcher Art und Weise die Berufsangehörigen ihre Berufstätigkeit im Einzelnen zu gestalten haben. Hier können in weitem Maße Gesichtspunkte der Zweckmäßigkeit zur Geltung kommen; nach ihnen ist zu bemessen, welche Auflagen den Berufsangehörigen gemacht werden müssen, um Nachteile und Gefahren für die Allgemeinheit abzuwehren. Auch der Gedanke der Förderung eines Berufes und damit der Erzielung einer höheren sozialen Gesamtleistung seiner Angehörigen kann schon gewisse die Freiheit der Berufsausübung einengende Vorschriften rechtfertigen. Der Grundrechtsschutz beschränkt sich insoweit auf die Abwehr in sich verfassungswidriger, weil etwa übermäßig belastender und nicht zumutbarer gesetzlicher Auflagen; von diesen Ausnahmen abgesehen, trifft die hier in Frage stehende Beeinträchtigung der Berufsfreiheit den Grundrechtsträger nicht allzu empfindlich, da er bereits im Beruf steht und die Befugnis, ihn auszuüben, nicht berührt wird[179].

---

177 Vgl. BVerfG, Urt. vom 11.06.1958, Az. 1 BvR 596/56, juris Rn. 68 m.w.N. = BVerfGE 7, 377 ff.;

178 Vgl. Jarass/Pieroth, Art. 12 Rn. 27a.

179 Vgl. BVerfG, Urt. vom 11.06.1958, Az. 1 BvR 596/56, juris Rn. 76 = BVerfGE 7, 377 ff.; BSG, Urt. vom 29.01.1997, Az. 6 RKa 3/96, juris Rn. 14 = SozR 3-2500 § 87 Nr. 15.

cc) 2. Stufe: Berufswahlregelungen mit *subjektiven* Zulassungsvoraussetzungen

Eine Regelung auf der 2. Stufe, die schon die Aufnahme der Berufstätigkeit von
der Erfüllung bestimmter Voraussetzungen abhängig macht und die damit die
Freiheit der Berufswahl berührt, ist nur gerechtfertigt, soweit dadurch ein über-
ragendes Gemeinschaftsgut, das der Freiheit des Einzelnen vorgeht, geschützt
werden soll. Dabei besteht ein bedeutsamer Unterschied je nachdem, ob es sich
um „subjektive" Voraussetzungen, vor allem solche der Vor- und Ausbildung,
handelt oder um objektive Bedingungen der Zulassung, die mit der persönlichen
Qualifikation des Berufsanwärters nichts zu tun haben und auf die er keinen
Einfluss nehmen kann[180]. Es gilt das Prinzip der Verhältnismäßigkeit in dem
Sinne, dass die vorgeschriebenen subjektiven Voraussetzungen zu dem ange-
strebten Zweck der ordnungsmäßigen Erfüllung der Berufstätigkeit nicht außer
Verhältnis stehen dürfen[181].

dd) 3. Stufe: Berufswahlregelungen mit *objektiven* Zulassungsvoraussetzungen

Bei der Aufstellung objektiver Bedingungen für die Berufszulassung ist ihre
Erfüllung dem Einfluss des Einzelnen schlechthin entzogen. Dem Sinn des
Grundrechts wirken sie strikt entgegen, denn sogar derjenige, der durch Erfüllung aller von ihm geforderten Voraussetzungen die Wahl des Berufes bereits
real vollzogen hat, kann trotzdem von der Zulassung zum Beruf ausgeschlossen
bleiben. Diese Freiheitsbeschränkung ist umso gewichtiger und wird demgemäß
auch umso schwerer empfunden, je länger und je fachlich spezialisierter die
Vor- und Ausbildung war, je eindeutiger also mit der Wahl dieser Ausbildung
zugleich dieser konkrete Beruf gewählt wurde. An den Nachweis der Notwendigkeit einer Freiheitsbeschränkung nach Art. 12 Abs. 1 GG sind besonders strenge
Anforderungen zu stellen; im allgemeinen wird nur die Abwehr nachweisbarer
oder höchstwahrscheinlicher schwerer Gefahren für ein überragend wichtiges
Gemeinschaftsgut diesen Eingriff in die freie Berufswahl legitimieren können;
der Zweck der Förderung sonstiger Gemeinschaftsinteressen, die Sorge für das
soziale Prestige eines Berufs durch Beschränkung der Zahl seiner Angehörigen

---

180 Vgl. BVerfG, Beschl. vom 31.03.1998, Az. 1 BvR 2167/93, 1 BvR 2168/93, juris Rn. 29 =
    MedR 1998, 323 ff.; BVerfG, Urt. vom 11.06.1958, Az. 1 BvR 596/56, juris Rn. 77 =
    BVerfGE 7, 377 ff.
181 Vgl. BVerfG, Urt. vom 11.06.1958, Az. 1 BvR 596/56, juris Rn. 78 = BVerfGE 7, 377 ff.

reicht nicht aus, auch wenn solche Ziele im Übrigen gesetzgeberische Maßnahmen rechtfertigen würden[182].

ee) Ergebnis der Einstufung

Grundlagen für Honorarrückforderungsbescheide der Kassenärztlichen Vereinigungen sind vorliegend die Zeitvorgaben des Anhangs 3 zum EBM. Dieser Ansatz ist mithin auf der 1. Stufe anzusiedeln. Die Kassenärztlichen Vereinigungen haben insoweit große Freiheiten. Sie können insbesondere solche Regelungen treffen, die durch vernünftige Gründe des Allgemeinwohls gerechtfertigt sind (sog. legitimer Zweck)[183]. Anhaltspunkte für eine Berufswahlregelung auf subjektiver Ebene (2. Stufe) sind nicht ersichtlich. Dies gilt auch für Zulassungsvoraussetzungen, die außerhalb der Person des Arztes stehen (3. Stufe). Dabei ist jedoch zu beachten, dass Schranken im Bereich der 1. Stufe nur zur Abwehr nachweisbarer oder höchstwahrscheinlich schwerer Gefahren für ein überragend wichtiges Gemeinschaftsgut zulässig ist[184]. Wann genau diese Gefahren vorliegen, kann generalisierend nicht gesagt werden. Vielmehr ist der jeweilige Einzelfall maßgebend.

In der Rechtsprechung des BVerfG ist aber anerkannt, dass ein Ausschluss von der vertragsärztlichen Tätigkeit nicht nur die Berufsausübung des Arztes beeinträchtigt, sondern im Hinblick auf die Anzahl der GKV-Versicherten und die daher mit einem Ausschluss von der vertragsärztlichen Tätigkeit verbundenen Auswirkungen auf die Möglichkeit, ärztlich tätig zu sein, einer Beschränkung der Berufswahlfreiheit gleichkommt[185].

ff) Fehlende medizinische Evaluation der Zeitvorgaben im Anhang 3 zum EBM

Im Anhang 3 zum EBM liegen bundeseinheitliche Messgrößen vor, die der Plausibilitätsprüfung nach Zeitprofilen zugrunde zu legen und die für Vertragsärzte und Kassenärztliche Vereinigungen verbindlich sind[186].

---

182 Vgl. BVerfG, Urt. vom 11.06.1958, Az. 1 BvR 596/56, juris Rn. 79 = BVerfGE 7, 377 ff.
183 Vgl. Mann, in: Sachs, GG, Art. 12 Rn. 126; Manssen, Rn. 620.
184 Vgl. Manssen, Rn. 637.
185 Vgl. BVerfG, Beschl. vom 26.09.2016, Az. 1 BvR 1326/15, juris Rn. 21 = GesR 2016, 767 ff.; BVerfG, Beschl. vom 31.03.1998, Az. 1 BvR 2167/93, 1 BvR 2193, juris Rn. 28 = MedR 1998, 323 ff.
186 Vgl. LSG Hessen, Urt. vom 13.09.2017, Az. L 4 KA 65/14, juris Rn. 53 = MedR 2018, 266 ff.; LSG Hessen, Urt. vom 26.11.2014, Az. L 4 KA 2/11, juris Rn. 53.

Bereits im Entwurf zum GKV-Gesundheitsreformgesetz vom 23.06.1999 heißt es[187]:

„Um eine sachlich fundierte Neuordnung des Bewertungsmaßstabes zu ermöglichen, regelt die Vorschrift, daß der Bewertungsausschuß die Festlegung der Bewertungsrelationen auf der Grundlage von wissenschaftlichem Sachverstand und solchem aus praxisnahen zahnärztlichen Fortbildungsgesellschaften für die gesamte Zahnheilkunde vorzunehmen hat. Dies könnte z. B. durch eine neue wissenschaftliche Zeitmeßstudie, die im Auftrag des Bewertungsausschusses erstellt wird, erfolgen."

Der Bewertungsausschuss wäre somit nicht gehindert gewesen, Studien zur Zeitmessung erstellen zu lassen, wie die Gesetzesbegründung dies nahelegt[188]. Da dies für Vertragsärzte jedoch nicht geschehen ist, erfährt die Verwendung von Zeitvorgaben umfassende Kritik, insbesondere sind wissenschaftliche Grundlagen (= Zeitmeßstudien) hierfür nicht ersichtlich[189].

Insoweit ist auch zu verweisen auf das im Jahr 2010 erstellte Gutachten der IGES Institut GmbH für den GKV-Spitzenverband[190]. Dabei ist zu betonen, dass die in dem Gutachten enthaltenen Angaben zwischenzeitlich nicht korrigiert wurden und daher nach wie vor aktuell sind. In dem Gutachten heißt es auszugsweise (Seite 11):

„Für jede EBM-Leistung (hier der Kostenträger) wird nunmehr der Zeitaufwand zur Leistungserstellung in den jeweils beteiligten Kostenstellen geschätzt. Anhand dieser Zeitangaben werden dann die ermittelten Praxisaufwendungen auf die jeweiligen EBM-Positionen umgelegt und somit der technische Leistungsanteil einer EBM-Leistung bestimmt. Parallel wird auch die Zeit, die der Arzt für die rein ärztliche Tätigkeit im Rahmen der Erbringung einer EBM-Leistung benötigt, festgelegt. Mit Hilfe eines kalkulatorischen Arztlohns und unter Annahmen zur Produktivität des Arztes wird die Bewertung einer Arztminute ermittelt. Multipliziert mit dem für den rein ärztlichen Leistungsanteil geschätzten Zeitbedarf ergibt sich somit der ärztliche Leistungsanteil einer EBM-Leistung."

Das Gutachten stellt als Zwischenfazit ausdrücklich fest (Seite 20):

„So ist die EBM-Kostenkalkulation grundsätzlich zwar zu begrüßen, die konkrete Umsetzung jedoch bei einer Reihe von Aspekten kritisch zu diskutieren. Hervorzuheben sind insbesondere die Vielzahl der normativen Annahmen, d.h. Stellgrößen, die nicht, wie seit

---

187 Vgl. BT-Drs. 14/1245, S. 73; BSG, Urt. vom 10.12.2014, Az. B 6 KA 2/14 R, juris Rn. 22 = GesR 2015, 468 f.

188 BSG, Urt. vom 10.12.2014, Az. B 6 KA 2/14 R, juris Rn. 22 = GesR 2015, 468 f.

189 So bereits Beeretz, in: AG MedR, 2005, S. 3 ff. (29 ff.).

190 Vgl. http://www.iges.com/e6/e1621/e10211/e5280/e5342/e7150/e7784/attr_objs12662/ IGES_Institut_Expertise_EBM_ger.pdf.; Abrufdatum: 24.05.2020, Ossege, in: Berchtold/Huster/Rehborn, § 106d SGB V Rn. 20 f.

dem GKV-WSG gesetzlich vorgegeben, mit Hilfe von angemessenen Stichproben empirisch ermittelt, sondern vielmehr verhandelt bzw. aus Erfahrungswerten abgeleitet wurden. Hierunter fallen der kalkulatorische Arztlohn sowie die Jahresarbeitszeit des Arztes und die Annahmen über seine Produktivität. Von besonderer Bedeutung sind zudem die Kalkulationszeiten je EBM-Leistung (Gebührenordnungsposition), d.h. die bei der Kalkulation zur Leistungserbringung zu Grunde gelegten Minuten („Produktionszeiten") für den rein ärztlichen Leistungsanteil und für den technischen Leistungsanteil. Beide Zeiten sind weder empirisch erhoben noch aktualisiert, d.h. nicht an ggf. entstandene Produktivitätsverbesserungen angepasst worden. Auch bei der Erhebung der Praxiskosten können insbesondere hinsichtlich der Aktualität der Daten Defizite benannt werden."

Unter Punkt 3.2 heißt es zur *„Kalkulation des ärztlichen Leistungsanteils"* auf Seite 29:

„Um die ärztlichen Kosten einer EBM-Leistung zu ermitteln, benötigt man nun noch eine Zeitdauer in Minuten für die Leistungsdarstellung je Leistung. Diese Zeitdauern umfassen den Zeitbedarf der ärztlichen Leistungserbringung im engeren Sinne, die Vor- und Nachbereitungszeit, Befundzeit sowie bei Operationen auch die Vorbereitungszeit. Weder diese Zeitdauer in Minuten für die Leistungserstellung noch die Produktivität noch die Jahresarbeitszeit wurden jedoch empirisch ermittelt. Diese für das Kalkulationsergebnis sehr bedeutsamen Zeiten wurden in Rahmen von Expertengesprächen geschätzt und dann sämtlich normativ festgelegt. Systematische Zeiterhebungen wurden hierzu nicht durchgeführt. Damit wird ersichtlich, dass der ärztliche Leistungsanteil (AL) der EBM-Leistung ausschließlich normativ hergeleitet ist; dies betrifft sowohl den Arztlohn, als auch die Arbeitszeit des Arztes sowie die Kalkulationszeit je Leistung."

Unter Punkt 4. (*„empirische Plausibilisierung des EBM"*) werden auf Seite 54 folgende Ausführungen für die vorliegende Diskrepanz gemacht:

„Aufgrund der Methodik des EBM-Kalkulationsverfahrens könnten für diese Diskrepanz folgende Gründe verantwortlich sein:

1. *Die geschätzten Zeiten für den ärztlichen und/oder den technischen Leistungsanteil entsprechen nicht der Realität.*
2. *Die Kostendaten im Rahmen des Kalkulationsmodells entsprechen nicht der Realität bzw. die Kostenstruktur entspricht nicht mehr der Kostenstruktur zu deren Erhebungszeitpunkt.*
3. *Die Struktur der Praxen (Gemeinschaftspraxen) entspricht nicht der Praxisstruktur zum Erhebungszeitpunkt."*

Unter Punkt 4.2, geschätzte Leistungszeiten im Rahmen der EBM-Kalkulation, führt das Gutachten auf Seite 57 bis 59 folgendes aus (Markierungen durch den Unterzeichner):

„Das Institut des Bewertungsausschusses hat hierzu basierend auf realen Abrechnungsdaten Auswertungen durchgeführt (Institut des Bewertungsausschusses 2010). Hierzu wurde

zunächst die Arbeitszeit für Praxen geschätzt; die zentralen Annahmen dabei waren, dass eine von einem männlichen Praxisinhaber betriebene Praxis mit einer dem Median bzw. dem 80%-Perzentil der jeweiligen Arztgruppe entsprechenden Fallzahl einer Vollzeitbeschäftigung aufweist und eine Behandlungszeit je Fall in der jeweiligen Fachgruppe diesem Durchschnitt entspricht. Für alle Praxen wurde dann systematisch anhand dieser Minuten je Fall, unter Berücksichtigung der praxisindividuellen Fallzahl, ein Zeitbudget berechnet. Hiervon wurden für die alleinig vertragsärztliche Tätigkeit pauschal für alle Arztgruppen 87% angesetzt. Die deutlich unterschiedlichen Leistungsmengen für PKV-Versicherte in Abhängigkeit von der jeweiligen Arztgruppe wurden nicht berücksichtigt. Nicht berücksichtigt wurde des Weiteren der Zeitbedarf für IGEL-Leistungen für GKV-Versicherte, der die maximal für die vertragsärztliche Tätigkeit zur Verfügung stehende Zeit weiter reduzieren würde. Basierend auf diesem, für einzelne Praxen simulierten Zeitbudget je Praxis, wurden die Zeitbedarfe für den ärztlichen Leistungsanteil einzelner EBM-Leistungen anhand einer multiplen linearen Regression geschätzt.

Im Ergebnis zeigt sich, dass die geschätzten Zeitbedarfe für die Leistungen des EBM deutlich geringer ausfielen als die im Rahmen der EBM-Kalkulation angesetzten Zeiten bzw. als die Prüfzeiten des EBM. Im ungewichteten Mittel bestand eine Abweichung von -22 %. (…) *als Kriterium für einen in Vollzeit tätigen Arzt und den methodischen Problemen der Zeitbedarfsschätzung anhand der Regression,* ***zeigt die Untersuchung dennoch eindrucksvoll, dass die im Rahmen der EBM-Kalkulation verwendeten Zeitangaben für den ärztlichen Leistungsanteil deutlich zu hoch angesetzt sind."***

In seinem Fazit kommt das Gutachten der IGES Institut GmbH u.a. zu folgenden Ergebnissen (Seite 75, 76):

*„**Das EBM-Kalkulationsmodell basiert auf einer Vielzahl von Annahmen, die die Kalkulationsergebnisse nicht grundsätzlich valide erscheinen lassen.** Zum Zeitpunkt der Kalkulation von relativen Leistungsbewertungen waren diese Ungenauigkeiten zu tolerieren, da sie den Kalkulationsaufwand reduzierten und das Ergebnis (die relativen Bewertungen zueinander, ohne einen absoluten Preis für Leistungen anzugeben) erfüllten. Eine Preiskalkulation erscheint mit dem bestehenden Kalkulationssystem jedoch kaum möglich. Hierfür verantwortlich sind u.a.:*

- *Die Datengrundlage stammt aus den Jahren 1993 bis 1995 und ist somit hinsichtlich ihrer Struktur und Höhe veraltet.*

- *Schon bei der erstmaligen Kalkulation bestanden systematische Verzerrungen in diesen Grunddaten hinsichtlich der Verteilung nach Merkmalen wie Honorarklassen oder Praxisstruktur.*

- *Veränderungen in der Praxisorganisation (Einzelpraxen/Gemeinschaftspraxen) mit deutlichen Veränderungen der Kostenstrukturen werden nicht berücksichtigt.*

- *Mögliche Veränderungen der Effizienz in der Leistungserstellung werden in der Kalkulation nicht nachvollzogen.*

- *Veränderungen in der Praxisfinanzierung, z. B. durch verstärktes Lea-sing von Geräten, wird nicht berücksichtigt.*

- *Die im Rahmen einer EBM-Kalkulation verwendeten Zeitangaben für die Leistungen (ärztlicher Leistungsanteil) scheinen um durchschnittlich mehr als 30% (Institut Bewertungsausschusses 2010) von den tatsächlich erbrachten Zeiten abzuweichen.*
- *Die Arbeitszeit des Arztes und dessen Produktivität i.H.v. 87,5 % hat keine empirische Basis.*
- *Die Umsetzung des Tarifgeberprinzips ist nicht durchgängig konsistent und wird nur in einer Minderheit der Kostenstellen (73 von 188) umgesetzt; d. h. die Kalkulation basiert z. T. auf höheren Kostensätzen, als die fachgruppenspezifische Kalkulation ergeben hat.*
- *Ein hoher Anteil von Kosten (im Durchschnitt ca. 50%) wird lediglich über die sogenannte Gemeinkostenstelle auf die Leistungen umgelegt; eine leistungsspezifische Zuordnung erfolgt hier nicht. Dies führt zu einer Unschärfe des Kalkulationsergebnisses.*
- *Die Abgrenzung real angefallener Kosten für die alleinige vertragsärztli-che Versorgung ist nicht systematisch durchgeführt worden (z.B. Kosten für spezielle Wartezimmer für PKV-Versicherte, Geräte für IGEL-Leistungen etc.). Die Kostenabgrenzung der Leistungen, die anhand von Kostenpauschalen (Kapitel 40 des EBM) finanziert werden, ist nicht auf Praxisebene erfolgt.*
- *Eine regelmäßige neue Kalkulation, basierend auf einer entsprechend aktualisierten Datenbasis, wurde bisher nicht durchgeführt."*

Im Ergebnis belegt das Gutachten der IGES Institut GmbH eindeutig, dass die für die einzelnen GOP festgelegten Prüfzeiten des EBM zeitlich zu hoch angesetzt sind. Nach dem Resultat des Gutachtens sind die Prüfzeiten für einen durchschnittlich arbeitenden Arzt um ca. 30% abzusenken. Neben dem Umstand, dass dieses Gutachten aus dem Jahr 2010 derzeit bereits älter als 8 ist, muss auch berücksichtigt werden, dass gerade in den letzten Jahren die Praxisorganisation, beispielsweise durch das Qualitätsmanagement, konsequent ausgebaut worden ist. Dies führt dazu, dass die Praxisabläufe kombiniert mit einer zunehmend modernen technischen Ausstattung zu einer erheblichen Zeitersparnis für den jeweils behandelnden Arzt geführt haben.

Diese Feststellungen werden im Ergebnis bestätigt von Gille (2015)[191]. Auf Seite 79 ff. heißt es:

„Die Prüfzeiten im Anhang 3 des Einheitlichen Bewertungsmaßstabes beruhen seit ihrer Einführung in den EBM auf Erfahrungswerten und wurden bis dato nicht wissenschaftlich überprüft. Sie wurden zum Zeitpunkt ihrer Erstellung normativ durch Verhandlungen der Partner im Bewertungsausschuß definiert und sind wissenschaftlich nicht fundiert, sie sind weder empirisch ermittelt noch retrospektiv aussagefähig analysiert worden. ...

Höchstrichterlich wird die zur Überprüfung der ärztlichen Abrechnung heranzuziehende Durchschnittszeit so definiert, daß die mit dieser Durchschnittszeit verbundene Leistung in

---

191 Vgl. Gille, Prüfzeiten des Einheitlichen Bewertungsmaßstabes, https://edoc.ub.uni-muenchen.de/19621/1/Gille_Thomas.pdf, Abrufdatum: 24.05.2020.

kürzerer Zeit auch von einem erfahrenen Arzt ohne Qualitätsverlust schlechterdings nicht erbracht werden kann …

Die im Einheitlichen Bewertungsmaßstab festgelegten Prüfzeiten erscheinen deshalb zweifelhaft und zumindest in strafrechtlicher Hinsicht als unverwertbar.

Im Hinblick auf die Relevanz der Prüfzeiten bei der Verwendung im Rahmen der Plausibilitätsprüfung, die das routinemäßig angewendete Verfahren zur Prüfung der ärztlichen Kassenabrechnung im ambulanten Bereich ist, sollte das Ergebnis dieser Studie Anregung dazu sein, die Plausibilität dieser Prüfzeiten auf eine fundierte Basis zu stellen durch entsprechende Datenerhebungen und Studien, die dann zu einer Korrektur oder auch zu einer Bestätigung der bestehenden festgelegten Prüfzeiten führen können.

Eine Verurteilung von oder Regreßforderungen gegen Leistungserbringer, die die entsprechende Prozedur aufgrund von Erfahrung und Kompetenz oder auch optimaler interner Abläufe ordnungsgemäß und vollständig gemäß der Leistungslegende des EBM in kürzerer Zeit erbringen können, sollte durch eine Korrektur der Prüfzeiten auf wissenschaftlicher Basis vermieden werden.

Es stellt sich auch die Frage, ob die durch die Einführung der Prüfzeiten im EBM geschaffene Begrenzung der ärztlichen Arbeitszeit in Zeiten eines zunehmenden Ärztemangels im Bereich der ambulanten Versorgung noch sinnvoll ist. Einen Arzt, der freiwillig oder wegen Lücken in der ärztlichen Versorgung, z.B. im ländlichen Bereich, länger arbeitet oder einen Mediziner, der aufgrund seiner besonderen Erfahrung die entsprechenden Leistungen schneller erbringen kann, in einen Betrugsverdacht zu bringen, wäre zumindest zu hinterfragen.“

Aus den nicht erfüllten gesetzlichen Vorgaben einer regelmäßigen Anpassung des EBM, der fehlenden validen Datenbasis bei der Erstellung des geltenden EBM, der erheblichen modifizierten und ressourcenschonenden Weiterentwicklungen der technischen Leistungsfähigkeit und der hiermit verbundenen Effizienzsteigerung, ergibt sich somit zwangsläufig, dass die EBM-Leistungen zeitlich neu zu bewerten sind.

Zur Verwendbarkeit von Zeitprofilen wird verwiesen auf Ziff. 1 der Protokollnotiz der Richtlinien nach § 106a Abs. 6 SGB V, wo es heißt:

„Im Hinblick auf die veränderte Struktur des seit dem 1. Januar 2008 gültigen EBM (Pauschalenbildung), durch welche die Aussagefähigkeit der vorhandenen Instrumente der Plausibilitätsprüfung nur noch eingeschränkt gegeben ist, werden die Vertragspartner eine Anpassung der Richtlinien hinsichtlich der Festlegung geeigneter Prüfkriterien vornehmen.“

Zudem wird verwiesen auf ein Schreiben des Spitzenverband Bund der Krankenkassen vom 17.02.2017[192]. Darin heißt es in Bezug auf die Gebührenordnungspositionen 01745, 03004, 39200 und 30791 EBM wie folgt (Markierungen durch den Verfasser):

---

192 Das nicht veröffentliche Schreiben liegt dem Verfasser vor.

„Derzeit findet eine grundlegende Überprüfung der Kalkulationsgrundlagen des EBM statt. Ob bzw. in welchem Umfang als Folge dieser Prüfung die Kalkulationszeiten der von Ihnen genannten Leistungen angepasst werden, steht zurzeit noch nicht fest. Der GKV-Spitzenverband ist aufgrund des durch das GKV-Wettbewerbsstärkungsgesetz angeordneten Aufgabenübergangs erst seit dem 1. Juli 2008 anstelle der bisherigen Spitzenverbände der Krankenkassen Trägerorganisationen des Bewertungsausschusses. Die Kalkulation der von Ihnen genannten Gebührenordnung Positionen erfolgte doch vor diesem Termin. Dabei wurden die Kalkulationszeiten nicht empirisch ermittelt, sondern auf der Grundlage von Vorschlägen der ärztlichen Berufsverbände vom Bewertungsausschuss in seiner damaligen Besetzung beraten und abgestimmt. Statistische Daten zu Kalkulation der von Ihnen genannten Gebührenordnungspositionen liegen dem GKV- oder Spitzenverband daher nicht vor."

Dieser Ansatz wird im Ergebnis auch von der Rechtsprechung nicht bestritten[193] und auch von der Literatur bestätigt[194]. Steinhilper/Dahm[195] stellen daher einen Fragenkatalog auf, der nachfolgend auszugsweise wiedergegeben werden soll:

1. Warum werden die Kalkulationszeiten um durchschnittlich ca. 11 Prozentpunkte höher angesetzt, als die Prüfzeiten?
2. Warum waren die Plausibilitätszeiten der KVWL in deren Verfahrensordnung ab 01.01.2002[196] deutlich geringer angesetzt, als in der Plausibilitätsrichtlinie der KBV?
3. Warum unterscheidet sich der Umfang der wöchentlichen Arbeitszeit niedergelassener Vertragsärzte (60 bis 65 Stunden pro Woche) von den zugestandenen max. 60 Stunden in der Plausibilitätsrichtlinie der KBV[197]?

Auch wird verwiesen auf ein Schreiben des Spitzenverbandes Bund der Krankenkassen vom 17.02.2017, wo es auszugsweise wie folgt heißt[198]:

---

193 Vgl. LSG NRW, Beschl. vom 02.01.2018, Az. L 11 KA 39/17 B ER, juris Rn. 67.
194 Vgl. Beeretz, ZMGR 2004, 103 ff.; Beeretz, in: AG MedR, 2005, S. 3 ff.; Rehborn, in: AG MedR, S. 257 ff.; Peikert, in: AG MedR, S. 275 ff.; Steinhilper, in: AG MedR, S. 285 ff.; Willaschek, ZMGR 2015, 387 ff., Rothfuß, DÄBl. 2018, A 304; Kleinke/ Kuhlen, AZR 2008, S. 141 ff.; Dahm, MedR 2019, 373 ff.; Christophers, MedR 2019, 172 f.; Scholl-Eickmann, MedR 2019, 603 f.; für den privatärztlichen Bereich, Fortmann, in: AG MedR, S. 225 ff.; Dahm, in: AG MedR, S. 237 ff.
195 Anm. zu Hess. LSG, Urt. vom 13.09.2017, Az. L 4 KA 64/14, in: MedR 2018, 269 ff. (270-271).
196 Westfälisches Ärzteblatt, Heft 12/2001.
197 Mitteilung der KBV, DÄBl. 2017, A 437.
198 Schreiben des GKV-Spitzenverband 17.02.2018, n.v.

„Der GKV Spitzenverband ist aufgrund des durch das GKV-Wettbewerbsstärkungsgesetz angeordneten Aufgabenübergangs erst seit dem 01. Juli 2008 anstelle der bisherigen Spitzenverbände der Krankenkassen Trägerorganisationen des Bewertungsausschusses.

Die Kalkulation der von Ihnen genannten Gebührenordnungspositionen erfolgte noch vor diesem Termin. Dabei wurden die Kalkulationszeiten nicht empirisch ermittelt, sondern auf der Grundlage von Vorschlägen der ärztlichen Berufsverbände vom Bewertungsausschuss in seiner damaligen Besetzung beraten und abgestimmt.

Statistische Daten zur Kalkulation der von Ihnen genannten Gebührenordnungspositionen liegen dem GKV-Spitzenverband daher nicht vor."

gg) Fehlende medizinische Evaluation des ärztlichen Erfahrungswissens

Die vorbenannten Ausführungen gelten entsprechend, wenn Prüfzeiten im Anhang 3 des EBM nicht enthalten sind und die Kassenärztlichen Vereinigungen sich deswegen auf ärztliches Erfahrungswissen berufen.

hh) Fehlende gesetzliche Grundlagen für ärztliches Erfahrungswissen

Darüber hinaus ist zu fragen, ob ärztliches Erfahrungswissen, sofern es denn rechtlich verwertbar vorliegen sollte, in verhältnismäßiger Weise die Grundrechte der Ärzte (hier: Art. 12 Abs. 1 GG) einschränkt. In dem Zusammenhang ist die Wesentlichkeitstheorie des Grundgesetzes zu beachten. Danach unterliegen alle wesentlich belastenden hoheitlichen Regelungen dem Vorbehalt des Gesetzes. Die durch das BVerfG entwickelte Wesentlichkeitstheorie ist Ausdruck der Reichweite des deutschen Parlamentsvorbehalts. Nach Auffassung des Gerichts müssen grundlegende und wesentliche Entscheidungen innerhalb der deutschen Gewaltenteilung vom Gesetzgeber getroffen werden[199]. Wesentlich ist nach Auffassung des BVerfG eine Entscheidung immer dann, wenn in den Schutzbereich eines Grundrechtes eingegriffen wird und dadurch die Reichweite des Grundrechtes beschränkt wird[200]. Dies ist bei den Prüfzeiten im Anhang 3 des EBM wohl der Fall, die sich auf § 106d Abs. 2 S. 4 SGB V i.V.m. § 87 Abs. 2 S. 1, 2. Hs. SGB V stützen können. In Bezug auf *„ärztliches Erfahrungswissen"* fehlen jedoch entsprechende gesetzliche Grundlagen, so dass dies im Rahmen von Honorarrückforderungsbescheiden der Kassenärztlichen Vereinigungen nicht herangezogen werden darf. Der Spielraum der Kassenärztlichen Vereinigungen wird hierdurch erheblich ausgedehnt, ohne dass hierfür eine gesetzliche

---

199 Vgl. BVerfG, Beschl. vom 08.08.1978, Az, 2 BvL 8/77, juris Rn. 80
200 Vgl. BVerfG, Beschl. vom 08.08.1978, Az, 2 BvL 8/77, juris Rn. 125.

Rechtfertigung vorhanden wäre[201]. Der Wille des Gesetzgebers, die Funktionsfähigkeit der vertragsärztlichen Versorgung zu gewährleisten[202], reicht insoweit
sicherlich nicht aus. Dies gilt erst recht, wenn in Grundrechte eingegriffen wird.
Auch aus diesem Grunde ist *„ärztliches Erfahrungswissen"* nicht geeignet, Art. 12
Abs. 1 GG einzuschränken.

ii) Rechtsprechung des BSG

In dem Zusammenhang wird verwiesen auf die Rechtsprechung des 1. und 3. Senats
des BSG, die zwar zu qualitätsbezogenen Mindestmengen in der stationären Versorgung ergangen ist (§ 136b Abs. 1 Satz 1 Nr. 2 SGB V), die jedoch entsprechend
anzuwenden ist, da vorliegend ebenfalls *„Zahlenangaben"* relevant sind[203]. Insbesondere betont das BSG in den Entscheidungen, dass für die Verwertbarkeit von
Zeitangaben zwingend wissenschaftliche Erkenntnisse erforderlich sind.

Diese Rechtsprechung wird fortgesetzt vom 6. Senat des BSG, die zu DMP
ergangen ist[204]. Darin heißt es u.a. (Markierungen durch den Verfasser):

> *„44*
>
> *cc) Der Umstand, dass Mindestmengen als Maßnahme der Qualitätssicherung im Bereich*
> *der DMP – anders als im Bereich der Krankenhausversorgung – nicht ausdrücklich gesetz-*
> *lich geregelt sind, kann vor diesem Hintergrund nicht zur Folge haben, dass im Bereich der*
> *DMP geringere Anforderungen an die Zulässigkeit von Mindestmengen gestellt werden als*
> *im Bereich der Krankenhausbehandlung. Da § 137f SGB V und die auf der Grundlage des §*
> *266 Abs 7 SGB V erlassene RSAV Maßnahmen der Qualitätssicherung zulassen und dabei –*
> *anders als § 137 Abs 3 SGB V für bestimmte Bereiche der Krankenhausversorgung – Min-*
> *destmengen nicht ausdrücklich vorsehen, kann die Teilnahme von Ärzten an einer solchen*
> *Vereinbarung unter Berücksichtigung verfassungsrechtlicher Vorgaben (Art. 12 Abs 1, Art. 3*
> *Abs 1 GG) nur zulässig sein, wenn ein Zusammenhang zwischen Patientenzahlen und Qua-*
> *lität der Versorgung hergestellt werden kann. Gerade weil der Senat davon ausgeht, dass*
> *die gesamtvertragliche Vereinbarung von Mindestpatientenzahlen auch ohne ausdrückliche*
> *gesetzliche Ermächtigung zulässig ist, kann auf eine gerichtliche Kontrolle entsprechender*
> *untergesetzlicher Regelungen am Maßstab der Grundrechte des betroffenen Leistungser-*
> *bringers nicht verzichtet werden. Eine Beschränkung der Teilnahme durch Vorgaben zu*
> *Mindestmengen die vorrangig dem Ziel der Begrenzung der Zahl der teilnehmenden Ärzte*

---

201 Vgl. BVerfG, Beschl. vom 10.05.1972, Az. 1 BvR 286/65, 1 BvR 293/65, 1 BvR 295/65,
     juris = BVerfGE 33, 171 ff.
202 Vgl. BSG, Urt. vom 24.11.1993, Az. 6 RKa 70/91, juris Rn. 22 = BSGE 73, 234 ff.
203 Vgl. BSG, Urt. vom 14.10.2014, Az. B 1 KR 33/13 R, juris Rn. 16 ff. = GesR 2015,
     429 ff.; BSG, Urt. vom 12.09.2012, Az. B 3 KR 10/12 R, juris Rn. 31 ff. = GesR 2013,
     179 ff.
204 Vgl. BSG, Urt. vom 29.11.2017, Az. B 6 KA 32/16 R, juris = GesR 2018, 310 ff. mit
     Anm. Thomae, SGb 2018, 514 ff.

und nicht dem Ziel der Qualitätssicherung dienen, wäre nicht zulässig, weil das Gesetz den DMP-Vertragspartnern keine Aufgaben im Bereich der Bedarfsplanung überträgt.

45

Dabei geht der Senat davon aus, dass Mindestmengen häufig stärker in die Freiheit der Berufsausübung eingreifen als andere Qualitätsvorgaben, weil sie vom Leistungserbringer nur schwer beeinflusst werden können (ebenso bezogen auf die ambulante spezialfachärztliche Versorgung nach § 116b SGB V: Waßer, GesR 2015, 587, 589; ebenso zu Mindestmengen nach § 137 Abs 3 S 1 Nr 2 SGB V aF: BSG Urteil vom 12.9.2012 – B 3 KR 10/12 R – BSGE 112, 15 = SozR 4-2500 § 137 Nr 1, RdNr 38). Das wird gerade an der vorliegend getroffenen Regelung über eine Mindestzahl von Patienten deutlich, die von Berufsanfängern oder zB von Ärzten mit einem halben Versorgungsauftrag nur schwer erreicht werden kann: Nach den dem Senat von der Beklagten übermittelten Daten behandelten an der hausärztlichen Versorgung teilnehmende Internisten in München in den Quartalen III/2010 bis IV/2011 durchschnittlich zwischen etwa 600 und 650 Patienten im Quartal. Bei einem vollen Versorgungsauftrag und einer durchschnittlichen Patientenzahl könnte die Mindestzahl von 250 gesetzlich Krankenversicherten mit Diabetes mellitus deshalb nur erreicht werden, wenn mehr als ca 40 % der behandelten gesetzlich krankenversicherten Patienten Diabetiker sind. In kleinen Praxen wie der des Klägers mit etwa 400 bis 450 gesetzlich krankenversicherten Patienten pro Quartal erhöht sich der erforderliche Anteil auf etwa 60 % und in einer Praxis mit halbem Versorgungsauftrag müssten bei entsprechend geringerer Patientenzahl zu mehr als ca 80 % Diabetiker behandelt werden, damit die Mindestpatientenzahl für die Teilnahme als diabetologisch besonders qualifizierter Arzt am DMP-Vertrag erreicht wird. Darüber hinaus erschweren Mindestpatientenzahlen die Teilnahme von Jungpraxen und von Praxen, die sich im Bereich der Versorgung speziell von Diabetikern erst noch etablieren wollen, erheblich.

46

Vor diesem Hintergrund geht der Senat davon aus, **dass die Einführung von Mindestmengen im Bereich von DMP als Instrument der Qualitätssicherung – wie im Bereich der Krankenhausbehandlung – einen nach wissenschaftlichen Maßstäben wahrscheinlichen Zusammenhang zwischen Behandlungsmenge und -qualität voraussetzt** *(zur Krankenhausbehandlung vgl BSG Urteil vom 17.11.2015 – B 1 KR 15/15 R – SozR 4-2500 § 137 Nr 6 RdNr 28 f; BSG Urteil vom 14.10.2014 – B 1 KR 33/13 R – BSGE 117, 94 = SozR 4-2500 § 137 Nr 5, RdNr 34 ff; BSG Urteil vom 18.12.2012 – B 1 KR 34/12 R – BSGE 112, 257 = SozR 4-2500 § 137 Nr 2, RdNr 31 ff). Im Übrigen wird auch in der Gesetzesbegründung zur Einführung des § 137f SGB V mit dem Gesetz zur Reform des Risikostrukturausgleichs in der gesetzlichen Krankenversicherung (BT-Drucks 14/6432 S 11) darauf hingewiesen, dass Disease-Management verbindliche und aufeinander abgestimmte Behandlungs- und Betreuungsprozesse erfordert, die* **auf der Grundlage medizinischer Evidenz festgelegt** *werden.* **Danach ist Voraussetzung für die Einführung von Mindestpatientenzahlen auch im Bereich von DMP, dass eine Studienlage besteht, die nach wissenschaftlichen Maßstäben einen Zusammenhang zwischen Behandlungsmenge und -qualität wahrscheinlich macht. Es ist nicht erforderlich, dass die „Studien" einen Kausalzusammenhang im naturwissenschaftlichen Sinne zwischen**

Behandlungsmenge und -ergebnis beweisen; ausreichend ist, dass vorliegende Studien auf einen solchen Zusammenhang hinweisen. Nicht ausreichend ist jedoch die „landläufige Erfahrung", dass eine routinierte Praxis im Allgemeinen eine bessere Ergebnisqualität sichert als deren Fehlen (ebenso zur Krankenhausbehandlung vgl BSG Urteil vom17.11.2015 – B 1 KR 15/15 R – SozR 4-2500 § 137 Nr 6 RdNr 29; BSG Urteil vom 14.10.2014 – B 1 KR 33/13 R – BSGE 117, 94 = SozR 4-2500 § 137 Nr 5, RdNr 34 ff; BSG Urteil vom 18.12.2012 – B 1 KR 34/12 R – BSGE 112, 257 = SozR 4-2500 § 137 Nr 2, RdNr 33; generell für „Verschärfungen" von Qualitäts- und Strukturvoraussetzungen bei DMP durch die Vertragspartner: Grüne, Disease-Management-Programme in Halbe/Schirmer, Handbuch Kooperationen im Gesundheitswesen, B 1600 RdNr 113)."

Somit werden die vorherigen Ergebnisse bestätigt, dass die Verwendung von Zeitangaben im EBM als Anzeige für den tatsächlichen Zeitaufwand für bestimmte ärztliche Leistungen einen nach wissenschaftlichen Maßstäben wahrscheinlichen Zusammenhang zwischen Leistung und Zeit voraussetzt, was wohl nicht der Fall ist. Andernfalls dürfen die Zeitangaben des EBM nicht verwertet werden.

In dem Zusammenhang wird auch verwiesen auf die Pressemitteilung des Gemeinsamen Bundesausschusses (GBA), in der es auszugsweise heißt[205]:

„Mindestmengen für planbare komplexe stationäre Leistungen wie zum Beispiel für die Versorgung von Frühgeborenen sollen zur Reduzierung von Komplikationen und Langzeitschäden beitragen", erläuterte Dr. Regina Klakow-Franck, unparteiisches Mitglied des G-BA und Vorsitzende des Unterausschusses Qualitätssicherung. „Bislang war die Einführung von Mindestmengen an den Nachweis einer Abhängigkeit der Behandlungsqualität von der erbrachten Leistungsmenge ‚in besonderem Maße' gebunden. Die Unschärfe dieser Vorgabe hat zu zahlreichen Gerichtsprozessen geführt und die Einführung von Mindestmengen faktisch lahmgelegt. Im Einklang mit der Rechtsprechung des Bundessozialgerichts hat der Gesetzgeber im Rahmen des Krankenhausstrukturgesetzes (KHSG) die Formulierung ‚in besonderem Maße' gestrichen und den G-BA beauftragt, insbesondere das Nähere zur Auswahl einer planbaren Leistung sowie zur Festlegung der Höhe einer Mindestmenge in seiner Verfahrensordnung zu regeln.

Ein vollbeweisender Kausalzusammenhang zwischen Leistungsmenge und Ergebnisqualität ist ausdrücklich nicht erforderlich. Es muss jedoch eine Studienlage bestehen, die auf einen wahrscheinlichen Zusammenhang zwischen Menge und Qualität hinweist. Krankenhäuser, die eine festgelegte Mindestmenge voraussichtlich nicht erreichen, dürfen die entsprechenden Leistungen nicht erbringen. Dies war schon vor dem KHSG so, jedoch ohne konsequente Umsetzung."

In dem Zusammenhang ist auch darauf zu verweisen, dass sich das BSG in seiner Entscheidung vom 11.10.2017 zu psychotherapeutischen Leistungen umfassend

---

205 Nr. 42-2017 vom 17.11.2017.

mit dem Beschluss des EBewA vom 22.09.2015 zur Bewertung der antrags- und genehmigungspflichtigen psychotherapeutischen Leistungen auseinandergesetzt hat[206]. In dem Beschluss wurde die Bewertungen der GOP 35200 bis 35225 des EBM ab dem 01.01.2012 um 2,69 % angehoben. Außerdem könnten ärztliche und psychologische Psychotherapeuten sowie Kinder- und Jugendlichenpsychotherapeuten einen Strukturzuschlag auf alle Einzel- und Gruppentherapieleistungen erhalten. Voraussetzung der Abrechenbarkeit sei gewesen, dass antrags- und genehmigungspflichtige Leistungen in der Zeit bis zum 30.09.2013 in Höhe von mindestens 459.563 Punkten je Quartal bzw. ab dem 01.10.2013 mindestens 162.734 Punkte je Quartal abgerechnet würden (hälftige Vollauslastung). Für Psychotherapeuten mit einem geringeren als einem vollen Versorgungsauftrag reduziere sich die Mindestpunktzahl entsprechend. Das BSG hat sich in seiner Entscheidung mit dem Beschluss des EBewA vom 22.09.2015 auseinandergesetzt. Insbesondere hat es dessen Rechtmäßigkeit umfassend geprüft[207].

Diese Rechtsprechung ist übertragbar. Grundlage für die Einstufung der Minutenzeit eines bestimmten Zeitprofils ist insoweit eine bestimmte medizinischer Evidenz. Danach ist Voraussetzung für die Einstufung in ein bestimmtes Zeitprofil, dass eine Studienlage besteht, die nach wissenschaftlichen Maßstäben einen Zusammenhang zwischen Behandlung und Zeit zumindest wahrscheinlich macht. Es ist nicht erforderlich, dass die *„Studien"* einen Kausalzusammenhang im naturwissenschaftlichen Sinne zwischen Behandlungsmenge und -ergebnis beweisen; ausreichend ist, dass vorliegende Studien auf einen solchen Zusammenhang hinweisen.

jj) Verhältnismäßigkeit im engeren Sinne

Rechtlich nicht zu berücksichtigen ist der gedankliche Ansatz, es sei zumindest übergangsweise bis zum Vorliegen entsprechender Studienlagen bzw. einer Anpassung des Anhangs 3 zum EBM erforderlich, an der Plausibilitätsprüfung nach herkömmlichen Mustern festzuhalten, zur Aufrechterhaltung des Systems der gesetzlichen Krankenversicherung und damit eines hohen Gemeinschaftsgutes[208].

---

206 Vgl. Beschluss des EBewA nach § 87 Abs. 4 SGB V in seiner 43. Sitzung am 22.09.2015 (https://institut-ba.de/ba/babeschluesse/2015-09-22_eba43.pdf, Abrufdatum: 24.05.2020).

207 Vgl. BSG, Urt. vom 11.10.2017, Az. B 6 KA 37/17 R, juris Rn. 38 ff. = SozR 4-2500 § 87 Nr. 35.

208 Vgl. BSG, Beschl. vom 13.05.2015, Az. B 6 KA 53/14 B, https://www.prinz.law/urteile/bundessozialgericht/BSG_Az_B-6-KA-53-14-B-2014-12-02, Abrufdatum:

Hierfür spricht insbesondere, dass die rechtliche medizinische Evidenz der Prüfzeiten in Anhang 3 zum EBM schon seit vielen Jahren bekannt ist. Insbesondere ist das IGES-Gutachten bereits im Jahre 2010 veröffentlicht worden. Schließlich werden auch aktuell noch Ärzte auf der Grundlage des Anhangs 3 zum EBM mit Disziplinar- und/oder Strafverfahren und ggf. auch mit Zulassungs- und/oder Approbationsentziehungsverfahren konfrontiert[209].

Darüber hinaus hat der Bewertungsausschuss bereits in seiner 288. Sitzung mit Beschluss vom 22.10.2012 die Änderung und Weiterentwicklung des EBM beschlossen. Nach mehreren zwischenzeitlichen Änderungen des Zeitplans hat der Bewertungsausschuss in seiner 442. Sitzung am 10.09.2019 beschlossen, dass die Reformen bis zum 11.12.2019 beschlossen sein sollen. Der angepasste EBM soll zum 01.04.2020 in Kraft treten[210]. Zu den ursprünglichen Zielen des Bewertungsausschusses wird nochmals verwiesen auf die Festlegungen der 288. Sitzung vom 22.10.2012. Danach soll u.a. überprüft werden ein leistungsbezogener Zeitbedarf[211]. Entsprechend diesen Vorgaben hat der Bewertungsausschuss nach mehrjährigen Verhandlungen in seiner 455. Sitzung am 11.12.2019 eine sog. „kleine" EBM-Reform[212] beschlossen, die am 01.04.2020 in Kraft treten wird[213]. Teil dieser Reform ist eine Anpassung der betriebswirtschaftlichen Kalkulationsgrundlage, die die Praxiskosten und Zeitansätze für die einzelnen Leistungen betrifft. Nach Angaben der KBV[214] sind dabei im EBM die Zeitansätze aller Leistungen überprüft worden. Dabei wären die tatsächliche (empirische) Arbeitszeit der Ärzte den kalkulierten Zeiten gegenübergestellt worden. Nach Angaben der KBV ist im Ergebnis festgestellt worden, dass die abgerechneten Zeiten etwa doppelt so hoch lagen, wie die Jahresarbeitszeit. Davon ausgehend habe eine medizinische Plausibilisierung der Zeitansätze unter Berücksichtigung des

---

24.05.2020. https://www.jurion.de/urteile/bsg/2015-05-13/b-6-ka-53_14-b/ Rn. 9, Abrufdatum: 24.05.2020.

209 Vgl. Schütz, KrV 2020, 52/52; Beeretz, in: AG MedR, 2005, S. 3 ff. (32).

210 Die Beschlüsse des Bewertungsausschusses und die jeweils tragenden Gründen können abgerufen werden unter https://institut-ba.de/ba/beschluesse.html (Abrufdatum: 24.05.2020).

211 Vgl. Ziff. 2.3, Punkt 4.

212 Vgl. https://www.kbv.de/html/weiterentwicklung-ebm.php, Abrufdatum: 24.05.2920.

213 Vgl. Beschluss des Bewertungsausschusses nach § 87 Abs. 1 Satz 1 SGB V in seiner 455. Sitzung am 11.12.2019 zur Neufassung des EBM und die entsprechenden entscheidungserheblichen Gründe.

214 Vgl. https://www.kbv.de/html/weiterentwicklung-ebm.php, dort: Betriebswirtschaftliche Kalkulationsgrundlage: Mehr Honorargerechtigkeit durch Neubewertung der Leistungen (Abrufdatum: 24.05.2020).

medizinisch-technischen Fortschritts sowie der Delegationsfähigkeit von Leistungen stattgefunden. Dies hätte zur Folge gehabt, dass die Zeiten um durchschnittlich ca. 30 Prozent gesenkt worden wären. Durch die Absenkung der Kalkulationszeiten gehe kein Vergütungsvolumen verloren. Nicht in den Zeiten abgesenkt worden wären Leistungen mit einer festen Taktung wie Gesprächsleistungen oder Anästhesien[215].

Im Ergebnis ist festzustellen, dass sich der EBM mit Blick auf die hier gegenständliche Problematik bis heute jedoch weder geändert, noch weiterentwickelt hat. Insbesondere sind nach wie vor keine empirischen Ermittlungen vorhanden, weder für die ursprünglichen Zeitvorgaben, noch für die entsprechenden Änderungen, die am 01.04.2020 in Kraft getreten sind. Aus diesem Begründungsansatz kann geschlossen werden, dass die bisherige Plausibilisierung der Zeiten jedenfalls fehlerhaft war bzw. ist.

Auf eine entsprechende Anfrage nach den Hintergründen der Zeitangaben im Anhang 3 des EBM antwortete die Kassenärztliche Bundesvereinigung mit Schreiben vom 15.06.2018[216]: *„Wir erhalten sehr viele Wünsche und Fragen zu wissenschaftlichen Arbeiten und Projekten. Schon aus Kapazitätsgründen können wir diese nicht alle bedienen. Vor diesem Hintergrund bitte ich um Verständnis dafür, dass wir von einer Beantwortung absehen müssen.“*

In einer weiteren Anfrage beim Bewertungsausschuss antwortet dieser mit Schreiben vom 30.06.2018 wie folgt[217]: *„… vielen Dank für Ihre Anfrage vom 15. Mai 2018 an das Institut des Bewertungsausschusses, in der Sie verschiedene Fragen zu Kalkulations- und Prüfzeiten im Einheitlichen Bewertungsmaßstab stellen. Wir bitten um Verständnis, dass wir Ihnen diesbezüglich keine fachlichen Auskünfte erteilen können. Hintergrund hierfür ist, dass die Beratungen des Bewertungsausschusses einschließlich der Beratungsunterlagen gemäß § 87 Abs. 3 Satz 3 und 4 SGB V vertraulich sind. Die Vertraulichkeit gilt auch für die zur Vorbereitung und Durchführung der Beratungen im Bewertungsausschuss dienenden Unterlagen der Trägerorganisationen und des Instituts des Bewertungsausschusses.“*

---

215 Hierzu https://www.kvwl.de/arzt/abrechnung/ebm/index.htm#kvt6 (Abrufdatum: 24.05.2020); Willaschek/Barufke, Der Urologe 6 • 2020, S. 769 f.

216 Das Schreiben liegt dem Verfasser vor; vgl. zu einer wohl entsprechenden Anfrage des BSG, Urt. vom 24.10.2018, Az. B 6 KA 42/17 R, juris Rn. 8 = GesR 2019, 244 ff., Az. B 6 KA 43/17 R, juris Rn. 8.

217 Das Schreiben liegt dem Verfasser vor; vgl. zu einer wohl entsprechenden Anfrage des BSG, Urt. vom 24.10.2018, Az. B 6 KA 42/17 R, juris Rn. 8 = GesR 2019, 244 ff., Az. B 6 KA 43/17 R, juris Rn. 8.

Schließlich ist auch zu berücksichtigen, dass die Grundrechte von Ärzten tangiert sind, so dass eine entsprechende Rechtfertigung erheblich sein muss.

3. Zwischenergebnis

Honorarrückforderungsbescheide der Kassenärztlichen Vereinigungen greifen in den Schutzbereich der Ärzte gemäß Art. 12 Abs. 1 GG ein. Die Eingriffe sind nicht von den Schranken des § 106d Abs. 2 S. 4 SGB V i.V.m. § 87 Abs. 2 S. 1, 2. Hs. SGB V gedeckt, da Anhaltspunkte für eine wissenschaftliche Evaluation der Prüfzeiten fehlen. Beeretz[218] hatte schon 2005 darauf hingewiesen, dass der Eindruck bestehe, *„daß die Zeitvorgaben willkürlich gegriffen sind."* Wörtlich heißt es:

> *„Es gibt keine Anhaltspunkte dafür, dass die Zeitangaben durch tatsächliche Zeiterfassungen gesichert worden wären. Sie beruhen auch regelmäßig nicht auf der gemeinsamen Festlegung ärztlicher Kollegialorgane oder ärztlicher Fachgremien. Zudem sind die Zeitansätze einzelner KVen extrem unterschiedlich und auch nach jeweiliger prozessualer Position dann verändert und anpaßbar gewesen."*

Auch der Grundsatz der Verhältnismäßigkeit ist als Schranke nicht geeignet. Wenn sich die KBV auf das Vorliegen von *„Expertenwissen, Einschätzungen von ärztlichen Berufsverbänden, medizinischen Fachgesellschaften, des Medizinischen Dienstes der Krankenkassen und einzelner Ärzte"*[219] (= ärztliches Erfahrungswissen) beruft, werden die entsprechenden Grundlagen trotz Nachfrage bei der KBV und bei den Kassenärztlichen Vereinigungen weder speziell benannt noch werden diese vorgelegt. Insbesondere verstößt der Anhang 3 des EBM gegen den Grundsatz der Verhältnismäßigkeit, da die Grundlagen der Prüfzeiten wohl nicht evidenzbasiert festgestellt worden sind.

Insgesamt liegt ein Eingriff in das Grundrecht der Ärzte nach Art. 12 Abs. 1 GG vor. Dieser ist von den vorhandenen Schranken nicht gedeckt.

III. Art. 14 Abs. 1 GG

Ärzte könnten durch Honorarrückforderungsbescheide der Kassenärztlichen Vereinigungen in ihren Rechten aus Art. 14 Abs. 1 GG verletzt werden, da Ärzte aufgrund der fehlenden aufschiebenden Wirkung ihrer Widersprüche gegen

---

218 Beeretz, in: AG MedR, 2005, S. 3 ff (29 ff.).
219 Vgl. LSG NRW, Beschl. vom 02.01.2018, Az. L 11 KA 39/17 B ER, juris Rn. 67, das sich berufen hat auf eine Auskunft der KBV vom 06.09.2013; wiedergegeben von Gille, S. 17.

Honorarrückforderungsbescheide aus rein ökonomischen Gründen in ihrem Eigentum beeinträchtigt werden könnten und auch der Bestand ihrer jeweiligen vertragsärztlichen Praxen in ihrer Existenz gefährdet werden könnte[220]. Art. 14 Abs. 1 GG lautet:

> *„Das Eigentum und das Erbrecht werden gewährleistet. Inhalt und Schranken werden durch die Gesetze bestimmt."*

Die Eigentumsgarantie des Art. 12 Abs. 1 GG stellt somit ein Kernelement der freiheitlichen Grundordnung des Grundgesetzes dar[221]. Eigentum verschafft dem Bürger Unabhängigkeit vom Staat, es sichert die wirtschaftlichen Früchte seiner Arbeit und motiviert ihn somit zu einem aktiven Mitwirken am Aufbau und Erhalt eines funktionierenden Gemeinwesens[222].

1. Schutzbereich

Ärzte müssten vom Schutzbereich des Art. 14 Abs. 1 GG persönlich und sachlich umfasst werden.

a) Persönlicher Schutzbereich

Bei Art. 14 Abs. 1 GG ist der persönliche Schutzbereich nicht beschränkt, so dass sich jede natürliche Person – und damit auch Ärzte – auf Art. 14 GG berufen kann. Träger des Eigentumsgrundrechts sind alle natürlichen und gemäß Art. 19 Abs. 3 GG auch alle inländischen juristischen Personen des Privatrechts, so dass auch MVZ und/oder Berufsausübungsgemeinschaften unter den persönlichen Schutzbereich von Art. 14 Abs. 1 GG fallen können[223]. Nicht unter Art. 14 Abs. 1 GG fallen juristische Personen des öffentlichen Rechts[224]; dies gilt auch dann, wenn diese nicht-hoheitliche Tätigkeiten ausüben[225].

---

220 Nach Auffassung des BSG (Urt. vom 17.09.1997, Az. 6 RKa 86/95, juris Rz. 22 = MedR 1998, 338 ff.) ist eine *„angemessene Risikoverteilung zwischen KÄV einerseits und unrichtig abrechnendem Vertragsarzt andererseits"* zu gewährleisten.; Schütz, KrV 2020, 52/52.

221 Vgl. Stern, Staatsrecht, Band IV/1, § 113 S. 2128.

222 Vgl. Stern, Staatsrecht, Band IV/1, § 113 S. 2129, 2130.

223 Vgl. § 95 Abs. 1a, S. 1, 2. Hs. SGB V: „die Gründung ist nur in der Rechtsform einer Personengesellschaft, einer eingetragenen Genossenschaft oder einer Gesellschaft mit beschränkter Haftung oder in einer öffentlich rechtlichen Rechtsform möglich."; Ossege, in: Berchtold/Huster/Rehborn, § 95 SGB V Rn. 70 ff.

224 Vgl. BVerfG, Beschl. vom 08.07.1982, Az. 2 BvR 1187/80, juris 59, 66 = BVerfGE 61, 82: „grundrechtstypischen Gefährdungslage"

225 Vgl. Gröpl/Windthorst/von Coelln, GG, Art. 14 Rn. 12.

b) Sachlicher Schutzbereich

Art. 14 Abs. 1 S. 1 GG gewährleistet Eigentum und Erbrecht. Vom Wortlaut nicht geklärt wird hingegen die Frage nach Inhalt und Reichweite des Eigentums[226]. Der sachliche Schutzbereich des Eigentums im Sinne des Art. 14 Abs. 1 GG wird mithin von der Rechtsprechung bestimmt und umfasst grundsätzlich alle vermögenswerten Rechte, die dem Berechtigten von der Rechtsordnung in der Weise zugeordnet sind, dass er die damit verbundenen Befugnisse nach eigenverantwortlicher Entscheidung zu seinem privaten Nutzen ausüben darf[227]. Damit schützt die Eigentumsgarantie nicht nur dingliche oder sonstige gegenüber jedermann wirkende Rechtspositionen, sondern auch schuldrechtliche Forderungen[228]. Hierzu gehören z.B.[229]

1) Eigentum im Sinne von § 903 BGB,
2) (berechtigter) Besitz,
3) andere dinglichen Rechte (z.B. Hypotheken, Grundschulden oder Pfandrechte)[230],
4) Patent-, Urheber- und Markenrechte[231]
5) privatrechtliche Ansprüche und Forderungen[232]
6) öffentlich-rechtliche Ansprüche und Anwartschaften, soweit diese durch eigene Leistung erworben worden sind[233];

Art. 14 GG schützt jedoch nicht das Privateigentum, sondern das Eigentum Privater[234].

---

226 Vgl. Gröpl/Windthorst/von Coelln, GG, Art. 14 Rn. 14, 15.
227 Vgl. BVerfG, Beschl. vom 09.01.1991, Az. 1 BvR 929/89, juris Rn. 36 = BVerfGE 83, 201 ff.
228 Vgl. BVerfG, Beschl. vom 07.12.2004, Az. 1 BvR 1804/03, juris Rn. 47 = BVerfG 112, 93 ff.
229 Vgl. Altevers, Rn. 532.
230 Vgl. BVerwG, Beschl. vom 25.09.2013, Az. 4 BN 15.13, juris Rn. 3 = BauR 2014, 90 f.; Jarass/Pieroth, Art. 14 Rn. 8.
231 Vgl. BVerfG, Beschl. vom 15.12.2011, Az. 1 BvR 1248/11, juris Rn. 16, 21 = NJW 2012, 1205 f.
232 Vgl. BVerfG, Beschl. vom 07.12.2004, Az. 1 BvR 1804/03, juris Rn. 47 = BVerfG 112, 93 ff.
233 Vgl. BVerfG, Urt. vom 28.04.1999, Az. 1 BvL 22/95, 1 BvL 34/95, juris Rn. 151 = BVerfGE 100, 1 ff.
234 Vgl. BVerfG, Beschl. vom 08.07.1982, Az. 2 BvR 1187/80, juris Rn. 72 = BVerfGE 61, 82 ff.

Vor diesen Hintergründen ist davon auszugehen, dass der sachliche Schutzbereich im vorliegenden Sachzusammenhang zwei verschiedene Bereiche umfassen kann: Unstreitig ist es zum einen, dass Arztpraxen als Eigentum privater Ärzte bezeichnet werden können, in das existenzgefährdend mit Honorarrückforderungsbescheiden der Kassenärztlichen Vereinigungen eingegriffen werden kann[235]. Zum anderen ist es kumulativ möglich, dass Honorarrückforderungen auch in das Recht der Ärzte am eingerichteten und ausgeübten Gewerbebetrieb eingreifen[236].

In dem Zusammenhang ist rechtlich ungeklärt, ob überhaupt das Recht am eingerichteten und ausgeübten Gewerbebetrieb als Inbegriff von Sachen und Rechten unter den Schutz des Art. 14 Abs. 1 GG fällt[237]. Nach Auffassung des BGH[238] umfasst die Vorschrift auch das Recht am eingerichteten und ausgeübten Gewerbebetrieb. Auch das BVerwG ist dieser Auffassung[239]. Das BVerfG hat die Frage bisher ausdrücklich offen gelassen[240]. Die Literatur bejaht hingegen überzeugend eine Einbeziehung[241].

Wenn man jedoch der Auffassung folgt, dass das Recht am eingerichteten und ausgeübten Gewerbebetrieb unter den Schutz des Art. 14 Abs. 1 GG fällt, fallen Arztpraxen in den Schutzbereich des Art. 14 Abs. 1 GG.

Der Eingriff ist auch betriebsbezogen, da ein unmittelbarer Eingriff in den betrieblichen Tätigkeitskreis der Arztpraxen vorliegt, der sich spezifisch gegen den betrieblichen Organismus richtet und nicht lediglich gegen von der Arztpraxis lösbare Rechte oder Rechtsgüter[242].

Schließlich geht ein Eingriff auch über eine bloße Belästigung oder sozialübliche Behinderung hinaus, soweit die Existenz der Vertragsarztpraxis in Rede steht[243].

---

235 Vgl. Kremer/Wittmann, S. 494 Rn. 1632 Fn. 3440; Schütz, KrV 2020, 52/52.
236 Vgl. Kremer/Wittmann, S. 494 Rn. 1632 Fn. 3439.
237 Vgl. vertiefend Riedl, S. 1 ff.
238 Vgl. BGH, Urt. vom 07.06.1990, Az. III ZR 74/88, juris Rn. 25 ff. = BGHZ 111, 349 ff.
239 Vgl. BVerwG, Urt. vom 08.12.1988, Az. 3 C 6/87, juris Rn. 14, 33 = BVerwGE 88, 49 ff.
240 Vgl. BVerfG, Beschl. vom 24.11.2004, Az. 1 BvR 1306/02, juris Rn. 9 = NJW 2005, 589 f.; BVerfG, Beschl. vom 26.06.2002, Az. 1 BvR 558/91, 1 BvR 1428/91, juris Rn. 79 = BVerfGE 105, 252 ff.
241 Vgl. Stern, Staatsrecht, Band IV/1, § 113 S. 2191; Ehlers, VVDStRL 51 (1992), S. 211 (S. 215 Fn. 13).
242 Vgl. Sprau, in: Palandt, BGB, § 823 Rn. 135.
243 Vgl. BGH, 29.01.1985, Az. VI ZR 130/83, juris Rn. 12 = NJW 1985, 1620 f.

c) Verhältnis zu Art. 12 Abs. 1 GG

Eigentumsrecht und Berufsfreiheit berühren sich und überschneiden sich vielfach. Dem Eigentum kommt im Gefüge der Grundrechte die Aufgabe zu, dem Träger des Grundrechts einen Freiheitsraum im vermögensrechtlichen Bereich sicherzustellen und ihm damit eine eigenverantwortliche Gestaltung des Lebens zu ermöglichen. Die Gewährleistung des Eigentums ergänzt insoweit die Handlungs- und Gestaltungsfreiheit, indem sie dem Einzelnen vor allem den durch eigene Arbeit und Leistung erworbenen Bestand an vermögenswerten Gütern zuerkennt. Mit dieser „objektbezogenen" Gewährleistungsfunktion schützt Art. 14 Abs. 1 GG jedoch nur Rechtspositionen, die einem Rechtssubjekt bereits zustehen, insbesondere schützt die Vorschrift keine Chancen und Verdienstmöglichkeiten. Daraus folgt auch die grundsätzliche Abgrenzung zu Art. 12 Abs. 1 GG: Art. 14 Abs. 1 GG schützt das Erworbene, das Ergebnis der Betätigung, Art. 12 Abs. 1 GG dagegen den Erwerb, die Betätigung selbst[244]. Greift somit ein Akt der öffentlichen Gewalt eher in die Freiheit der individuellen Erwerbs- und Leistungstätigkeit ein, so ist der Schutzbereich des Art. 12 Abs. 1 GG berührt; begrenzt er mehr die Innehabung und Verwendung vorhandener Vermögensgüter, so kommt der Schutz des Art. 14 GG in Betracht[245].

d) Eingriff

Unter den Begriff „Eingriff" ist nach dem modernen Eingriffsbegriff jedes Handeln eines Trägers öffentlicher Gewalt zu verstehen, das dem Einzelnen ein Verhalten ganz oder teilweise unmöglich macht, das in den Schutzbereich eines Grundrechts fällt[246]. Dagegen liegt ein Eingriff in das durch Art. 14 Abs. 1 GG geschützte Eigentum vor, wenn eine Rechtsnorm, ein Einzelakt oder ein sonstiges Handeln eines Staates dem Berechtigten eine vermögenswerte Rechtsposition entweder entzieht oder den privaten Nutzen zugunsten der Allgemeinheit einschränkt[247].

Anders als bei anderen Grundrechten gibt es zwei Arten von Eingriffen in das Eigentumsrecht nach Art. 14 GG: zum einen eine Inhalts- und

---

244 Vgl. Stern, Staatsrecht, Band IV/1, § 113 S. 2182 ff.
245 Vgl. BVerfG, Beschl. vom 16.03.1971, Az. 1 BvR 52/66, 1 BvR 665/66, 1 BvR 667/66, 1 BvR 754/66, juris Rn. 111 = BVerfGE 30, 292 ff.; Gröpl/Windthorst/von Coelln, GG, Art. 14 Rn. 1, 30, 35, 37.
246 Vgl. Gröpl/Windthorst/von Coelln, GG, Art. 14 Rn. 38 und Vorbem. Grundrechte Rn. 93 ff.
247 So Gröpl/Windthorst/von Coelln, GG, Art. 14 Rn. 38.

Schrankenbestimmung gemäß Art. 14 Abs. 1 S. 2 GG, zum anderen eine Enteignung gemäß Art. 14 Abs. 3 GG.

Die Abgrenzung hat erhebliche Bedeutung für die verfassungsrechtliche Rechtfertigung, der je nach Art des Eingriffs unterschiedliche Anforderungen an die Rechtfertigung gestellt werden. Für die Inhalts- und Schrankenbestimmung ist die im Staatshaftungsrecht relevante Frage, ob eine Entschädigung gezahlt wird, grundsätzlich irrelevant. Aus diesem Grunde spielt die Abgrenzung zwischen der grundsätzlich entschädigungslos hinzunehmenden Inhalts- und Schrankenbestimmung sowie der nur gegen Entschädigung zulässigen Enteignung im Staatshaftungsrecht eine grundlegende Rolle.

Maßgeblich für die Abgrenzung ist eine rein formale Betrachtung[248].

➢ Mit der Enteignung greift der Staat auf das Eigentum Einzelner zu. Sie ist auf die vollständige oder teilweise Entziehung konkreter subjektiver, durch Art. 14 Abs. 1 S. 1 GG gewährleisteter Rechtspositionen zur Erfüllung bestimmter öffentlicher Aufgaben gerichtet[249]. Die Enteignung im Sinne des Art. 14 Abs. 3 GG setzt weiterhin zwingend voraus, dass der hoheitliche Zugriff auf das Eigentumsrecht zugleich eine *Güterbeschaffung* zugunsten der öffentlichen Hand oder des sonst Enteignungsbegünstigten ist[250].

➢ Im Gegensatz dazu ist eine Inhalts- und Schrankenbestimmung im Sinne von Art. 14 Abs. 1 S. 2 GG die generelle und abstrakte Festlegung von Rechten und Pflichten des Eigentümers.

Im hier gegenständlichen Zusammenhang ist von einer Inhalts- und Schrankenbestimmung auszugehen. Insbesondere liegen keine Anhaltspunkte dafür vor, dass für eine Entziehung oder Einschränkung des Eigentums an Arztpraxen eine Entschädigung vorgesehen ist.

Vielmehr hat der Gesetzgeber mit Wirkung zum 01.01.2004 im Rahmen des GKV-Modernisierungsgesetzes[251] die Abrechnungsprüfung bzw. die Plausibilitätsprüfung erheblich aufgewertet. Vorher war die Plausibilitätsprüfung lediglich in § 83 SGB V geregelt, seit dem 01.01.2004 gab es einen besonderen § 106

---

248 Vgl. BVerfG, Beschl. vom 15.7.1981, Az. 1 BvL 77/78, juris Rn. 91 = BVerfGE 58, 300 ff.; BVerfG, Beschl. vom 17.12.2013, Az. 1 BvR 3139/08, juris Rn. 168 = BVerfGE 134, 242 ff.

249 Vgl. BVerfG, Beschl. vom 17.12.2013, Az. 1 BvR 3139/08, juris Rn. 161 = BVerfGE 134, 242 ff.

250 Vgl. BVerfG, Beschl. vom 6.12.2016, Az. 1 BvR 2821/11, 1 BvR 321/12, 1 BvR 1456/12, juris Rn. 246 = BVerfGE143, 246 ff.

251 BGBl. I S. 2190.

SGB V mit sechs eigenständigen Absätzen. Nach der Intention des Gesetzgebers war Grund für die Aufwertung der Plausibilitätsprüfungen die Auffassung des Gesetzgebers, die Kassenärztlichen Vereinigungen hätten die ihnen eingeräumten Kontrollmöglichkeiten nicht in dem gebotenen Umfang genutzt[252].

2. Schranken

Das verfassungsrechtlich geschützte Eigentum ist nach Auffassung des BVerfG in seinem rechtlichen Gehalt gekennzeichnet durch Privatnützigkeit, d.h. die Zuordnung zu einem Rechtsträger, in dessen Hand es als Grundlage privater Initiative und im eigenverantwortlichen privaten Interesse „von Nutzen" sein soll, und durch die von dieser Nutzung nicht immer deutlich abgrenzbare grundsätzliche Verfügungsbefugnis über den Eigentumsgegenstand[253].

Die konkrete Reichweite des Schutzes durch die Eigentumsgarantie ergibt sich erst aus der Bestimmung von Inhalt und Schranken des Eigentums, die nach Art. 14 Abs. 1 S. 2 GG Sache des Gesetzgebers ist. Die Vorschrift lautet:

„Inhalt und Schranken werden durch die Gesetze bestimmt."

Der Gesetzgeber ist nach Auffassung des BVerfG jedoch nicht gänzlich frei[254]: Er muss sich am Wohl der Allgemeinheit orientieren, das nicht nur Grund, sondern auch Grenze für die Beschränkung des Eigentümers ist. Zugleich muss das zulässige Ausmaß einer Sozialbindung auch vom Eigentum selbst her bestimmt werden. Die Bestandsgarantie des Art. 14 Abs. 1 S. 1 GG, der Regelungsauftrag des Art. 14 Abs. 1 S. 2 GG und die Sozialpflichtigkeit des Eigentums nach Art. 14 Abs. 2 GG stehen in einem unlösbaren Zusammenhang. Keiner dieser Faktoren darf über Gebühr verkürzt werden; vielmehr müssen alle zu einem verhältnismäßigen Ausgleich gebracht werden. Im Blick auf den Grundgedanken und den Schutzzweck der Eigentumsgarantie führt das nach der Rechtsprechung des BVerfG zu folgender Differenzierung:

Soweit es um die Funktion des Eigentums als Element der Sicherung der persönlichen Freiheit des Einzelnen geht, genießt dieses einen besonders

---

252 Vgl. BT-Drs. 15/1525, S. 117 ff.; Münch, in IWW, AAA Abrechnung aktuell vom 01.04.2006, https://www.iww.de/aaa/archiv/plausibilitaetspruefungen-erste-erfahrungen-mit-der-neuen-pruefung-so-verhalten-sie-sich-richtig-f21768 (Abrufdatum: 24.05.2020).
253 Vgl. BVerfG, Urt. vom 01.03.1079, Az. 1 BvR 532/77, 1 BvR 533/77, 1 BvR 419/78, 1 BvL 21/78, juris Rn. 125 = BVerfGE 50, 290 ff.
254 Vgl. BVerfG, Urt. vom 01.03.1079, Az. 1 BvR 532/77, 1 BvR 533/77, 1 BvR 419/78, 1 BvL 21/78, juris Rn. 126 = BVerfGE 50, 290 ff.

ausgeprägten Schutz. Damit hängt es etwa zusammen, wenn an ein Verbot der Veräußerung des Eigentums, also an eine Einschränkung derjenigen Befugnis, die elementarer Bestandteil der Handlungsfreiheit im Bereich der Eigentumsordnung ist, besonders strenge Maßstäbe angelegt werden, und dass die eigene Leistung als besonderer Schutzgrund für die Eigentümerposition anerkannt worden ist[255].

Dagegen ist die Befugnis des Gesetzgebers zur Inhalts- und Schrankenbestimmung umso weiter, je mehr das Eigentumsobjekt in einem sozialen Bezug und einer sozialen Funktion steht. Maßgebend hierfür ist der in Art. 14 Abs. 2 GG Ausdruck findende Gesichtspunkt, dass Nutzung und Verfügung in diesem Fall nicht lediglich innerhalb der Sphäre des Eigentümers bleiben, sondern Belange anderer Rechtsgenossen berühren, die auf die Nutzung des Eigentumsobjekts angewiesen sind[256]. Unter dieser Voraussetzung umfasst das grundgesetzliche Gebot einer am Gemeinwohl orientierten Nutzung das Gebot der Rücksichtnahme auf den Nichteigentümer, der seinerseits der Nutzung des Eigentumsobjekts zu seiner Freiheitssicherung und verantwortlichen Lebensgestaltung bedarf. Auch wenn jedoch das Eigentum insoweit weitergehenden Beschränkungen unterworfen werden kann als in seiner personalen Funktion, fordert die Bestandsgarantie des Art. 1 Abs. 1 S. 1 GG in jedem Fall die Erhaltung des Zuordnungsverhältnisses und der Substanz des Eigentums[257].

Diesen Grundsätzen entspricht es, wenn Eigentumsbindungen stets verhältnismäßig sein müssen. Die gesetzliche Eigentumsbindung muss von dem geregelten Sachbereich her geboten sein und darf nicht weitergehen als der Schutzzweck reicht, dem die Regelung dient. Insoweit sind dem Gesetzgeber umso engere Grenzen gezogen, je mehr Eigentumsnutzung und -verfügung innerhalb der Eigentümersphäre verbleiben, da dann ein außerhalb dieser Sphäre liegender Zweck, der eine „verhältnismäßige" Eigentumsbindung rechtfertigen könnte, schwerer aufzufinden sein wird. Insgesamt ist mithin der Gestaltungsbereich des Gesetzgebers bei sozialem Bezug und bei sozialer Funktion des Eigentums im

---

255 Vgl. BVerfG, Urt. vom 01.03.1079, Az. 1 BvR 532/77, 1 BvR 533/77, 1 BvR 419/78, 1 BvL 21/78, juris Rn. 127 m.w.N. = BVerfGE 50, 290 ff.

256 Vgl. BVerfG, Beschl. vom Az. 2 BvR 2194/99, juris Rn. 42, BVerfGE 115, 97 ff. Danach ist es im Rahmen von Art. 14 GG Aufgabe des Gesetzgebers, die schutzwürdigen Interessen aller Beteiligten in einen gerechten Ausgleich und ein ausgewogenes Verhältnis zu bringen.

257 Vgl. BVerfG, Urt. vom 01.03.1079, Az. 1 BvR 532/77, 1 BvR 533/77, 1 BvR 419/78, 1 BvL 21/78, juris Rn. 128 m.w.N. = BVerfGE 50, 290 ff.

Blick auf dessen Sozialbindung relativ weit; er verengt sich, wenn diese Voraussetzungen nicht oder nur in begrenztem Umfang vorliegen[258].

Vor diesen Hintergründen ist festzustellen, dass mit der Inhalts- und Schrankenbestimmung in Art. 14 Abs. 1 S. 2 GG ein Gesetz im materiellen Sinne gemeint ist, mithin auch Rechtsverordnungen[259] oder Satzungen[260]. Insbesondere leitet sich keine generelle Pflicht des Gesetzgebers ab, den Inhalt der Rechtsstellung des Eigentümers bis ins Letzte selbst zu regeln. Im Blick auf die elementare freiheitssichernde Bedeutung des Art. 14 Abs. 1 S. 1 GG ist er allerdings gehalten, die Voraussetzungen, unter denen der Gebrauch des Eigentums beschränkt werden darf, durch eine hinreichend bestimmte Ermächtigung selbst festzulegen[261].

§ 106d SGB V genügt den hiernach an eine gesetzliche Ermächtigung zu stellenden Anforderungen. Absatz 2 Satz 2 der Vorschrift lautet:

> *„Soweit Angaben zum Zeitaufwand nach § 87 Abs. 2 Satz 1 zweiter Halbsatz bestimmt sind, sind diese bei den Prüfungen nach Satz 2 zu Grunde zu legen. "*

Der Inhalt der erteilten Ermächtigung ergibt sich unmittelbar aus der Ermächtigungsnorm selbst. Zu regeln ist die Prüfung der Rechtmäßigkeit und Plausibilität der Abrechnungen in der vertragsärztlichen Versorgung. Der Zweck der Ermächtigung besteht in der Gewährleistung, dass die Honorierung der in einem Quartal erbrachten Leistungen möglichst aus dem für dieses Quartal zur Verfügung stehenden Gesamtvergütungsvolumen zu erfolgen hat, da nachträgliche Honorierungen dem Ziel zügiger und zeitgerechter Honorierung zuwiderlaufen sowie zusätzlichen Verwaltungsaufwand erfordern[262]. An ausreichenden Richtlinien hinsichtlich des Ausmaßes und der Grenzen der vom Verordnungsgeber zu treffenden Regelung fehlt es ebenfalls nicht.

Diese Ausführungen gelten aber nicht, wenn die Kassenärztlichen Vereinigungen fehlende Prüfzeiten im Anhang 3 des EBM durch eigene Zeiten ersetzen. Hierdurch kann der Schutzbereich des Art. 14 Abs. 1 GG eben nicht eingeschränkt werden, da in dem Fall eben keine Inhalts- und Schrankenbestimmung gemäß Art. 14 Abs. 1 S. 2 GG bestehen.

---

258 Vgl. BVerfG, Urt. vom 01.03.1079, Az. 1 BvR 532/77, 1 BvR 533/77, 1 BvR 419/78, 1 BvL 21/78, juris Rn. 129 m.w.N. = BVerfGE 50, 290 ff.

259 Vgl. BVerfG, Beschl. vom 10.07.1958, Az. 1 BvF 1/58, juris Rn. 33 = BVerfGE 8, 71 ff.

260 Vgl. BGH, Urt. vom 22.05.1980, Az. III ZR 186/78, juris Rn. 22 = BGHZ 77, 179 ff.

261 Vgl. BVerfG, Beschl. vom 14.07.1981, Az. 1 BvL 24/78, juris Rn. 35 = BVerfGE 58, 137 ff.; Papier, in: Maunz/Dürig, GG, Art. 14 Rn. 339.

262 Vgl. BT-Drs. 15/1525, S. 117; BSG, Urt. vom 29.08.2007, Az. B 6 KA 29/06 R, juris Rn. 7 = GesR 2008, 197 ff.

3. Grundsatz der Verhältnismäßigkeit

Für die Verfassungsmäßigkeit reicht es jedoch nicht aus, wenn die jeweilige Einschränkung auf eine Schranke gestützt werden kann. Als maßgeblich heranzuziehen ist insoweit die Verhältnismäßigkeit im engeren Sinne als Ausprägung des allgemeinen Grundsatzes der Verhältnismäßigkeit[263]. Im Rahmen der Verhältnismäßigkeit ist die Sozialpflichtigkeit des Eigentums gemäß Art. 14 Abs. 2 GG als eine Besonderheit der Prüfung zu beachten. Die Vorschrift lautet:

„Eigentum verpflichtet. Sein Gebrauch soll zugleich dem Wohle der Allgemeinheit dienen."

Ein Eingriff muss folglich geeignet, erforderlich und angemessen sein, um einen legitimen Zweck zu erreichen[264].

Aufgabe des Gesetzgebers ist es dabei, in Erfüllung seines Regelungsauftrags (Art. 14 Abs. 1 S. 2 GG) der Garantie des Eigentums (Art. 14 Abs. 1 S. 1 GG) und dem Gebot einer sozial gerechten Eigentumsordnung (Art. 14 Abs. 2 GG) in gleicher Weise Rechnung zu tragen und die schutzwürdigen Interessen aller Beteiligten in einen gerechten Ausgleich und ein ausgewogenes Verhältnis zu bringen. Das in Art. 14 GG angelegte Spannungsverhältnis ist vom Gesetzgeber problem- und situationsbezogen jeweils zu einem interessengerechten Ausgleich zu bringen[265].

Die Bestandsgarantie des Art. 14 Abs. 1 S. 1 GG, der Regelungsauftrag des Art. 14 Abs. 1 S. 2 GG und die Sozialpflichtigkeit des Eigentums nach Art. 14 Abs. 2 GG stehen in einem unlösbaren Zusammenhang. Keiner dieser Faktoren darf über Gebühr verkürzt werden; vielmehr müssen alle zu einem verhältnismäßigen Ausgleich gebracht werden[266].

Legitimer Zweck einer Beschränkung des Eigentums im Sinne einer Schrankenbestimmung können nur vernünftige und sachgerechte Gründe des Allgemeinwohls sein (Art. 14 Abs. 2 GG). Die Festlegung eines konkreten

---

263 Vgl. Gröpl/Windthorst/von Coelln, GG, Vorbem Rn. 116, 126.

264 Vgl. BVerfG, Beschl. vom 02.03.1999, Az. 1 BvL 7/91, juris Rn. 76 = BVerfGE 100, 226; BVerfG, Beschl. vom 14.01.2004, Az. 2 BvR 564/95, juris Rn. 100 = BVerfGE 110, 1 ff.; Gröpl/Windthorst/von Coelln, GG, Art. 14 Rn. 61.

265 Vgl. BVerfG, Beschl. vom 18.01.2006, Az. 2 BvR 2194/99, juris Rn. 42 = BVerfGE 115, 97 ff.; Gröpl/Windthorst/von Coelln, GG, Art. 14 Rn. 61.

266 Vgl. BVerfG, Urt. vom 01.03.1979, Az. 1 BvR 532/77, 1 BvR 533/77, 1 BvR 419/78, 1 BvL 21/78, juris Rn. 126 = BVerfGE 50, 290 ff.; Gröpl/Windthorst/von Coelln, GG, Vorbem Rn. 126 und Art. 14 Rn. 61.

Gemeinwohls ist Sache des Gesetzgebers (Art. 14 Abs. 1 S. 2 GG), der dabei aber an Art. 14 Abs. 2 GG gebunden ist[267].

§ 106d SGB V stellt klar, dass die Prüfung der Abrechnungen der Vertragsärzte eine gesetzlich vorgegebene Aufgabe sowohl der Kassenärztlichen Vereinigungen als auch der Krankenkassen ist. Als Bestandteil des ihnen übertragenen Sicherstellungsauftrags haben die Kassenärztlichen Vereinigungen dabei den Krankenkassen gegenüber zu gewährleisten, dass die vertragsärztliche Versorgung den gesetzlichen und vertraglichen Erfordernissen entspricht und die Vertragsärzte die ihnen obliegenden Pflichten erfüllen. Dazu gehört auch die Pflicht der Kassenärztlichen Vereinigungen, die von den Vertragsärzten zur Abrechnung ihrer Leistungen vorgelegten Unterlagen hinsichtlich der sachlich-rechnerischen Richtigkeit zu prüfen. Diese Beschränkung des Eigentums an den Arztpraxen dient daher dem legitimen Zweck der Abrechnungsprüfung.

Die Schrankenbestimmung des § 106d SGB V ist *geeignet*, da sie das legitime Gemeinwohl, dass der Gesetzgeber identifiziert hat, fördert. Sie ist auch *erforderlich*, da kein milderes Mittel ersichtlich ist, mit dem sich der konkrete Gemeinwohlzweck genauso gut erreichen ließe.

Die Schrankenbestimmung der Angemessenheit bzw. Verhältnismäßigkeit im engeren Sinne ist jedoch im Rahmen der hier gegenständlichen Problematik nicht gegeben. Insoweit ist es erforderlich, dass die Schwere des Eingriffs in das Eigentum bei einer Gesamtabwägung nicht außer Verhältnis zu dem Gewicht der ihn rechtfertigenden Gemeinwohlgründe stehen darf. Die öffentliche Gewalt hat das Individualinteresse der Ärzte mit dem Allgemeininteresse, denen der Eingriff dient, in einen angemessenen Ausgleich zu bringen[268].

Insoweit wird verwiesen auf die Ausführungen zu Art. 12 GG, wonach es erforderlich ist, dass die von den kassenärztlichen Vereinigungen verwendeten Prüfzeiten medizinisch evaluiert sind. Dies ist jedoch nicht der Fall. Zur Vermeidung von Wiederholungen wird auf die vorbenannten Ausführungen verwiesen[269]. Diese Grundsätze gelten im Rahmen des Art. 14 GG entsprechend. Somit sind solche Eingriffe in das Eigentumsrecht nach Art. 14 Abs. 1 GG nicht gerechtfertigt und Honorarrückforderungsbescheide der Kassenärztlichen

---

267 Vgl. BVerfG, Beschl. vom 15.07.1987, Az. 1 BvR 488/86, 1 BvR 1220/86, 1 BvR 628/86, 1 BvR 1278/86, 1 BvL 11/86, juris = BVerfGE 76, 220 ff.; Gröpl/Windthorst/von Coelln, GG, Art. 14 Rn. 62.
268 Vgl. Gröpl/Windthorst/von Coelln, GG, Art. 14 Rn. 64.
269 Vgl. 3. Teil, A.,II., 2., b., ff. bis jj.

Vereinigungen zumindest rechtswidrig. Dies hat unmittelbar zur Folge, dass die Ärzte entsprechende Abwehransprüche unmittelbar aus Art. 14 GG haben.

4. Zwischenergebnis

Honorarrückforderungsbescheide der Kassenärztlichen Vereinigungen greifen in den Schutzbereich der Ärzte gemäß Art. 14 Abs. 1 GG ein. Die Eingriffe sind nicht von den Schranken des § 106d Abs. 2 S. 4 SGB V i.V.m. § 87 Abs. 2 S. 1, 2. Hs. SGB V, insbesondere nicht durch den Anhang 3 des EBM und auch nicht durch ärztliches Erfahrungswissen gerechtfertigt.

IV. Art. 2 Abs. 1 GG

Art. 2 Abs. 1 GG enthält die allgemeine Handlungsfreiheit und schützt nicht einen speziellen Lebensbereich, sondern *„jegliches menschliches Verhalten"*[270]. Die Vorschrift lautet:

> *„Jeder hat das Recht auf die freie Entfaltung seiner Persönlichkeit, soweit er nicht die Rechte anderer verletzt und nicht gegen die verfassungsmäßige Ordnung oder das Sittengesetz verstößt."*

1. Schutzbereich

Ärzte müssten vom Schutzbereich des Art. 2 Abs. 1 GG persönlich und sachlich umfasst werden.

a) Persönlicher Schutzbereich

Art. 2 Abs. 1 GG garantiert jedermann das Grundrecht auf freie Entfaltung der Persönlichkeit. Träger dieses Grundrechts ist daher nicht nur ein deutscher Staatsangehöriger, sondern jeder Mensch.

Auch inländische juristische Personen des Privatrechts, z.B. Handelsgesellschaften, können gemäß Art. 19 Abs. 3 GG vom Schutzbereich der Allgemeinen Handlungsfreiheit umfasst sein[271].

Denn nach ihrer Geschichte und ihrem heutigen Inhalt sind die Grundrechte in erster Linie individuelle Rechte, Menschen- und Bürgerrechte, die den Schutz konkreter, besonders gefährdeter Bereiche menschlicher Freiheit zum

---

270 Vgl. Pieroth, in: Archiv des öffentlichen Rechts, 115. Band 1990, S. 33–44; BVerfG, Urt. vom 16.01.1964, 1 BvR 253/56, juris Rn. 14 ff. = BVerfGE 6, 32 ff.
271 Vgl. Gröpl/Windthorst/von Coelln, GG, Art. 2 Rn. 15.

Gegenstand haben. Demgemäß dienen sie vorrangig dem Schutz der Freiheitssphäre des einzelnen Menschen als natürlicher Person gegen Eingriffe der staatlichen Gewalt; darüber hinaus sichern sie Voraussetzungen und Möglichkeiten für eine freie Mitwirkung und Mitgestaltung im Gemeinwesen. Juristische Personen als Grundrechtsinhaber anzusehen und sie in den Schutzbereich bestimmter materieller Grundrechte einzubeziehen, ist nur dann gerechtfertigt, wenn deren Bildung und Betätigung Ausdruck der freien Entfaltung der privaten natürlichen Personen ist, insbesondere wenn der „Durchgriff" auf die hinter ihnen stehenden Menschen es als sinnvoll und erforderlich erscheinen lässt[272].

Diese Voraussetzungen sind bei juristischen Personen des Privatrechts vielfach erfüllt. Bei ihnen kann daher grundsätzlich von einer möglichen Grundrechtsfähigkeit ausgegangen und sodann im Einzelfall geprüft werden, ob das mit der Verfassungsbeschwerde geltend gemachte einzelne Grundrecht seinem Wesen nach auf den jeweiligen Beschwerdeführer anwendbar ist. Demgegenüber sind die materiellen Grundrechte und der zu ihrer Verteidigung geschaffene Rechtsbehelf der Verfassungsbeschwerde auf juristische Personen des öffentlichen Rechts grundsätzlich nicht anwendbar. Jedenfalls gilt dies, soweit sie öffentliche Aufgaben erfüllen. Denn die Erfüllung öffentlicher Aufgaben durch juristische Personen des öffentlichen Rechts vollzieht sich in aller Regel nicht in Wahrnehmung unabgeleiteter, ursprünglicher Freiheiten, sondern aufgrund von Kompetenzen, die vom positiven Recht zugeordnet und inhaltlich bemessen und begrenzt sind. Die Regelung dieser Beziehungen und die Entscheidung daraus resultierender Konflikte sind nicht Gegenstand der Grundrechte, weil der unmittelbare Bezug zum Menschen fehlt. Für den Rechtsschutz im Streitfall bestehen besondere Verfahren. Dagegen kann die Verfassungsbeschwerde als der spezifische Rechtsbehelf des Bürgers gegen den Staat nicht dazu benutzt werden, die Zuständigkeitsordnung im Verhältnis der Hoheitsträger untereinander zu schützen oder für die Einhaltung der gesetzmäßigen Formen bei einer Änderung zu sorgen[273].

Eine Ausnahme von diesen Grundsätzen werden für solche juristische Personen des öffentlichen Rechts oder ihrer Teilgliederungen anerkannt, die von den ihnen durch die Rechtsordnung übertragenen Aufgaben her unmittelbar einem

---

272 Vgl. BVerfG, Beschl. vom 31.10.1984, Az. 1 BvR 35/82, 1 BvR 356/82, 1 BvR 794/82, juris Rn. 36 = BVerfGE 68, 193 ff.
273 Vgl. BVerfG, Beschl. vom 31.10.1984, Az. 1 BvR 35/82, 1 BvR 356/82, 1 BvR 794/82, juris Rn. 37 = BVerfGE 68, 193 ff.

durch bestimmte Grundrechte geschützten Lebensbereich zugeordnet sind (z.B. Universitäten und Fakultäten, Rundfunkanstalten) oder kraft ihrer Eigenart ihm von vornherein zugehören (z.b. Kirchen). Bei diesen Ausnahmen handelt es sich durchweg um juristische Personen des öffentlichen Rechts, die Bürgern (auch) zur Verwirklichung ihrer individuellen Grundrechte dienen, und die als eigenständige, vom Staat unabhängige oder jedenfalls distanzierte Einrichtungen bestehen. Ihre Tätigkeit betrifft insoweit nicht den Vollzug gesetzlich zugewiesener hoheitlicher Aufgaben, sondern die Ausübung grundrechtlicher Freiheiten. In den grundrechtsgeschützten Lebensbereich gehört indessen das Wirken juristischer Personen des öffentlichen Rechts nicht allein deshalb, weil ihnen Selbstverwaltungsrechte zustehen. Auch der Umstand, dass eine juristische Person des öffentlichen Rechts öffentliche Aufgaben, also Aufgaben im Interesse der Allgemeinheit, wahrnimmt, macht sie nicht zum grundrechtsgeschützten „Sachwalter" des Einzelnen bei der Wahrnehmung seiner Grundrechte. Grundsätzlich ist davon auszugehen, dass der Bürger selbst seine Grundrechte wahrnimmt und etwaige Verletzungen geltend macht[274].

Besondere Bedeutung hat die Frage des persönlichen Schutzbereichs auch in Bezug auf Unionsbürger[275], also für Staatsangehörige eines anderen Mitgliedsstaats der Europäischen Union. Für diese Unionsbürger schreibt Art. 18 S. 1 des Vertrages über die Arbeitsweise der Europäischen Union[276] in allen Mitgliedsstaaten ein Verbot der Diskriminierung vor. Dieses Diskriminierungsverbot und der insoweit allen Unionsbürgern gewährte Schutz wird bei den sog. „Deutschengrundrechten" (z.B. Art. 12 Abs. 1 GG) durch eine europarechtskonforme Auslegung des Art. 2 Abs. 1 GG erreicht[277].

b) Sachlicher Schutzbereich

Art. 2 Abs. 1 GG schützt „*die freie Entfaltung der Persönlichkeit*". Das Grundgesetz hat damit jedoch nicht nur die Entfaltung innerhalb jenes Kernbereichs der Persönlichkeit gemeint, der das Wesen des Menschen als geistig-sittliche Person ausmacht. Denn es wäre nicht verständlich, wie die Entfaltung innerhalb dieses Kernbereichs gegen das Sittengesetz, die Rechte anderer oder sogar gegen die

---

274 Vgl. BVerfG, Beschl. vom 31.10.1984, Az. 1 BvR 35/82, 1 BvR 356/82, 1 BvR 794/82, juris Rn. 38 = BVerfGE 68, 193 ff.

275 Die Unionsbürgerschaft ist keine eigene Staatsbürgerschaft, sondern ergänzt die nationale Staatsangehörigkeit.

276 ABl. EU C 326/4 vom 26.10.2012.

277 Vgl. Gröpl/Windthorst/von Coelln, GG, Art. 2 Rn. 20 ff.

verfassungsmäßige Ordnung einer freiheitlichen Demokratie sollte, verstoßen können. Gerade diese dem Individuum als Mitglied der Gemeinschaft auferlegten Beschränkungen zeigen vielmehr, dass das Grundgesetz in Art. 2 Abs. 1 GG die Handlungsfreiheit im umfassenden Sinne meint[278]. Dabei ist jedoch der subsidiäre Ansatz von Art. 2 Abs. 1 GG zu beachten. Daraus folgt, dass der Nichtdeutsche, dem die Berufung auf die Berufsfreiheit verwehrt ist, denselben Schutz über Art. 2 Abs. 1 GG beanspruchen könnte. Eine solche Auffassung ließe das Spezialitätsverhältnis zwischen Art. 12 Abs. 1, 14 Abs. 1 GG und Art. 2 Abs. 1 GG außer Acht. Das allgemeine Freiheitsrecht ist insoweit nur anwendbar, als es im Rahmen der in ihm geregelten Schranken die Handlungsfreiheit gewährleistet[279].

Rechtlich gesehen ist Art. 2 Abs. 1 GG trotzdem ein selbständiges Grundrecht, das die allgemeine menschliche Handlungsfreiheit gewährleistet. Es waren nicht rechtliche Erwägungen, sondern sprachliche Gründe, die den Gesetzgeber bewogen haben, die ursprüngliche Fassung *„Jeder kann tun und lassen, was er will"* durch die jetzige Fassung zu ersetzen. Offenbar hat zu der Theorie, dass Art. 2 Abs. 1 GG nur einen Kernbereich der Persönlichkeit habe schützen wollen, der Umstand beigetragen, dass im zweiten Halbsatz als Schranke, die dem Bürger für die Entfaltung seiner Persönlichkeit gezogen ist, auch die verfassungsmäßige Ordnung genannt wird. In dem Bestreben, diesen Begriff, der auch an anderer Stelle des Grundgesetzes vorkommt, überall in derselben Weise auszulegen, gelangte man schließlich dazu, in der verfassungsmäßigen Ordnung einen gegenüber der verfassungsmäßigen Rechtsordnung engeren Begriff zu erblicken; dadurch sah man sich zu dem Rückschluss gezwungen, es sollte dann auch nur ein Kernbereich der Persönlichkeit, nicht aber die Handlungsfreiheit des Menschen verfassungsrechtlich geschützt werden[280].

Zu fragen ist, ob auch der Betrieb einer Arztpraxis als wirtschaftliche Einrichtung unter den Schutzbereich des Art. 2 Abs. 1 GG fällt. Nach der Rechtsprechung

---

278 Vgl. BVerfG, Urt. vom 16.01.1964, 1 BvR 253/56, juris Rn. 14 = BVerfGE 6, 32 ff.; BVerfG, Beschl. vom 06.06.1989, Az. 1 BvR 921/85, juris Rn. 62 ff. = BVerfGE 80, 137 ff.; BVerfG, Beschl. vom 09.03.1994, 2 BvL 43/92, 2 BvL 51/92, 2 BvL 63/92, 2 BvL 64/92, 2 BvL 70/92, 2 BvL 80/92, 2 BvR 2031/92, juris Rn. 119 = BVerfGE 90, 145 ff.

279 Vgl. BVerfG, Beschl. vom 10.05.1988, Az. 1 BvR 482/84, 1 BvR 1166/85, juris Rn. 50 = BVerfGE 78, 179 ff.

280 Vgl. BVerfG, Urt. vom 16.01.1964, 1 BvR 253/56, juris Rn. 15 = BVerfGE 6, 32 ff.

des BVerfG schützt Art. 2 Abs. 1 GG auch die Freiheit im wirtschaftlichen Verkehr[281], so dass auch die Arztpraxis in den sachlichen Schutzbereich fällt.

c) Verhältnis zu Art. 12 Abs. 1 GG und Art. 14 Abs. 1 GG

Bei Art. 2 Abs. 1 GG handelt es sich um ein sog. Auffanggrundrecht mit Anwendungssubsidiarität[282]. Neben der allgemeinen Handlungsfreiheit, die Art. 2 Abs. 1 GG gewährleistet, hat das Grundgesetz die Freiheit menschlicher Betätigung für bestimmte Lebensbereiche, die nach den geschichtlichen Erfahrungen dem Zugriff der öffentlichen Gewalt besonders ausgesetzt sind, durch besondere Grundrechtsbestimmungen geschützt; bei ihnen hat die Verfassung durch abgestufte Gesetzesvorbehalte abgegrenzt, in welchem Umfang in den jeweiligen Grundrechtsbereich eingegriffen werden kann. Soweit nicht solche besonderen Lebensbereiche grundrechtlich geschützt sind, kann sich der Einzelne bei Eingriffen der öffentlichen Gewalt in seine Freiheit auf Art. 2 Abs. 1 GG berufen[283]. Art. 12 Abs. 1G und Art. 14 Abs. 1 GG beinhalten in Bezug auf Art. 2 Abs. 1 GG speziellere Freiheitsrechte[284]. § 2 Abs. 1 GG kann insoweit nicht mehr greifen. Es ist nicht möglich, neben den speziellen Freiheitsrechten aus dem gleichen Sachverhalt auch noch das sog. Auffanggrundrecht in Anspruch zu nehmen[285].

Vor diesen Hintergründen ist Art. 2 Abs. 1 GG im gegenständlichen Problembereich nur dann anzuwenden, wenn die Voraussetzungen der Art. 12 Abs. 1 GG und Art. 14 Abs. 1 GG nicht gegeben sind[286].

2. Eingriff

Vor diesen Hintergründen wird der Schutzbereich des Art. 2 Abs. 1 GG vom BVerfG sehr weit ausgelegt[287]. Um zu verhindern, dass die Zahl der

---

281 Vgl. BVErfG, Beschl. vom 08.04.1987, Az. 2 BvR 909/82, 2 BvR 934/82, 2 BvR 935/82, 2 BvR 936/82, 2 BvR 938/82, 2 BvR 941/82, 2 BvR 942/82, 2 BvR 947/82, 2 BvR 64/83, 2 BvR 142/84, juris Rn. 118 = BVerfGE 75, 108 ff.

282 Vgl. Di Fabio, in: Maunz/Dürig, GG, Art. 2 Rn. 21; Kunig, in: von Münch, Art. 2 Rn. 12.

283 Vgl. BVerfG, Urt. vom 16.01.1964, Az. 1 BvR 253/56, juris Rn. 16 = BVerfGE 6, 32 ff.

284 Vgl. BVerfG, Urt. vom 26.05.2001, Az. 1 BvL 56/78, 1 BvL 57/78, 1 BvL 58/78, juris Rn. 70 = BVerfGE 57, 139 ff.; Di Fabio, in: Maunz/Dürig, GG, Art. 2 Rn. 22, 79, 80.

285 Vgl. BVerfG, Urt. vom 08.04.1997, Az. 1 BvR 48/94, juris Rn. 142, 150 = BVerfGE 95, 267 ff.; Di Fabio, in: Maunz/Dürig, GG, Art. 2 Rn. 80 m.w.N.

286 Vgl. OVG NRW, Urt. vom 22.09.2016, Az. 13 A 2378/14, juris Rn. 80, 81 = PharmR 2017, 105 ff.

287 Vgl. die von Gröpl/Windthorst/von Coelln, GG, Art. 2 Rn. 52 benannten Beispiele aus der Rechtsprechung des BVerfG.

Verfassungsbeschwerden ausufert, wird vorgeschlagen, den Begriff des Eingriffs nur eingeschränkt zu verwenden[288]. Direkt an die Ärzte als Grundrechtsträger gerichtete staatliche Ge- und Verbote begründen einen Abwehranspruch aus Art. 2 Abs. 1 GG[289].

3. Schranken

Beschränkt wird die allgemeine Handlungsfreiheit durch die sog. Schrankentrias des Art. 2 Abs. 1 GG, die nebeneinander stehen[290], mithin durch

➢ die Rechte anderer,
➢ das Sittengesetz und
➢ die verfassungsmäßige Ordnung[291].

Zu den *Rechten anderer* zählen alle verfassungsrechtlich gewährleisteten Rechte Dritter. Unzureichend sind insoweit rein objektiv-rechtlich geschützte Belange der Allgemeinheit ohne Individualbezug. Angesichts der umfassenden Bedeutung der *verfassungsgemäßen Ordnung* bleibt der Begriff praktisch ohne Bedeutung[292].

Mit dem Begriff *Sittengesetz* sind die allgemein anerkannten Moral- und Wertvorstellungen gemeint. Dabei sind jedoch die faktischen Schwierigkeiten zu beachten, die sich aus der zeitlichen Komponente sowie aus der Gefahr des Einflusses subjektiver Präferenzen ergeben[293].

Die *verfassungsmäßige Ordnung* umfasst die Summe aller Rechtsnormen, die formell und materiell mit der Verfassung übereinstimmen[294]. Unerheblich ist die insoweit wesentlich engere Auslegung desselben Begriffs in Art. 9 Abs. 2 GG und in Art. 20 Abs. 3 GG[295].

Der Eingriff der Kassenärztlichen Vereinigungen müsste daher verfassungsrechtlich gerechtfertigt sein. Da nach den vorherigen Ausführungen der

---

288 Vgl. Kingreen/Poscher, Rn. 421 ff.; Höfling, in: Friauf/Höfling, GG, Art. 2 Rn. 84 ff.
289 Vgl. Höfling, in: Friauf/Höfling, GG, Art. 2 Rn. 60.
290 Vgl. Gröpl/Windthorst/von Coelln, GG, Art. 2 Rn. 59.
291 Höfling, in: Friauf/Höfling, GG, Art. 2 Rn. 64 ff.
292 Vgl. Di Fabio, in: Maunz/Dürig, GG Art. 2 Rn. 44.
293 Vgl. BVerfG, Urt. vom 10.05.1957, Az. 1 BvR 550/52, juris = BVerfGE 6, 389 ff.; Di Fabio, in: Maunz/Dürig, GG, Art. 2 Rn. 45.
294 Vgl. BVerfG, Urt. vom 16.01.1964, Az. 1 BvR 253/56, juris Rn. 17 = BVerfGE 6, 32 ff.; Di Fabio, in: Maunz/Dürig, GG, Art. 2 Rn. 39 m.w.N.
295 Vgl. BVerfG, Urt. vom 16.01.1964, Az. 1 BvR 253/56, juris Rn. 18 = BVerfGE 6, 32 ff.; Di Fabio, in: Maunz/Dürig, GG, Art. 2 Rn. 39.

Schutzbereich des Art. 2 Abs. 1 GG sehr weit auszulegen ist, hat dies zur Folge, dass auch der Gesetzesvorbehalt sehr weit gefasst wird. Die allgemeine Handlungsfreiheit wird begrenzt durch die verfassungsmäßige Ordnung. Als Teil der verfassungsmäßigen Ordnung kann jedes Gesetz Schranke des Art. 2 Abs. 1 GG sein, also auch die vorliegend gegenständlichen § 106d SGB V und § 50 SGB X bzw. die untergesetzlichen Normierungen.

Dafür, dass § 106d SGB V und § 50 SGB X formell und materiell nicht mit dem Grundgesetz übereinstimmen, liegen keine Anhaltspunkte vor und soll auch nicht Gegenstand der vorliegenden Bearbeitung sein.

Auch insoweit wird erneut verwiesen auf die Ausführungen zu Art. 12 GG, die hier entsprechend gelten[296]. Danach ist es erforderlich, dass die von den Kassenärztlichen Vereinigungen verwendeten Prüfzeiten medizinisch evaluiert sind. Dies ist jedoch nicht der Fall. Zur Vermeidung von Wiederholungen wird auf die vorbenannten Ausführungen verwiesen. Diese Grundsätze gelten im Rahmen des Art. 2 Abs. 1 GG entsprechend. Somit sind entsprechende Eingriffe in das die allgemeine Handlungsfreiheit nach Art. 2 Abs. 1 GG nicht gerechtfertigt und Honorarrückforderungsbescheide der Kassenärztlichen Vereinigungen zumindest rechtswidrig. Dies hat unmittelbar zur Folge, dass die Ärzte entsprechende Abwehransprüche unmittelbar aus Art. 2 Abs. 1 GG haben.

4. Zwischenergebnis

Honorarrückforderungsbescheide der Kassenärztlichen Vereinigungen greifen in den Schutzbereich der Ärzte gemäß Art. 2 Abs. 1 GG ein, soweit Grundlage für mögliche Verstöße gemäß § 106d SGB X die Prüfzeiten im Anhang 3 zum EBM und das ärztliche Erfahrungswissen sind.

V. Abwehr- bzw. Beseitigungsansprüche der Ärzte

Wie bereits ausgeführt, werden die Ärzte durch zeitbezogene Honorarrückforderungsbescheide der Kassenärztlichen Vereinigungen in ihren Grundrechten aus Art. 12 Abs. 1, 14 Abs. 1 und 2 Abs. 1 GG verletzt. Sie haben insoweit aus der Grundrechtsfunktion heraus gegen die Kassenärztlichen Vereinigungen Abwehrrechte in Form von Unterlassungsansprüchen gegen zukünftige Handlungen, die noch nicht stattgefunden haben bzw. noch nicht beendet sind, sowie Aufhebungs- bzw. Beseitigungsansprüche, wenn die Handlungen noch

---

296 Vgl. 3. 3. Teil, A.,II., 2., b., ff. bis jj.

andauern und die Möglichkeit besteht, diese aufzuheben[297]. Vor diesen Hintergründen haben die Ärzte gegen zeitbezogene Honorarrückforderungsansprüche der Kassenärztlichen Vereinigungen Aufhebungs- bzw. Beseitigungsansprüche. Im Gegensatz zum reinen Aufhebungsanspruch ist der Beseitigungsanspruch insoweit jedoch umfassender, da er auch die Beseitigung der Folgen umfasst. Mithin wird hierdurch der *status quo ante* in Form eines Folgenentschädigungsanspruchs wieder hergestellt. Dieser umfasst somit nicht nur den Primäranspruch (Aufhebung), sondern auch den Sekundäranspruch. Der Sekundäranspruch beinhalten z.b. Zinsschäden, da dem Arzt aufgrund der sofortigen Vollziehbarkeit der Honorarrückforderung Kreditkosten oder Zinsausfälle entstehen; aber auch Rechtsverfolgungskosten können entstehen. Mangels Vorliegen von Sonderregelungen kommen insoweit in Betracht Ansprüche aus Staatshaftung gemäß § 839 BGB in Verbindung mit Art. 34 GG[298].

VI. Abwehransprüche bei Vorliegen von Zweifeln über das rechtmäßige Zustandekommen von Prüfzeiten

Sollten Zweifel über das rechtmäßige Zustandekommen von Prüfzeiten bestehen, gehen diese zu Lasten der Kassenärztlichen Vereinigungen. Solche Zweifelsfälle liegen beispielsweise vor, wenn zwar wissenschaftliche Evaluationen dem Grunde nach vorliegen, aber unklar ist, ob diese Evaluationen ordnungsgemäß zustande gekommen sind[299]. Dies folgt schon aus der Normenhierarchie der bundesdeutschen Rechtsordnung, die dogmatisch zurückgeht auf die gestufte Bindung an Recht und Gesetz gemäß Art. 20 Abs. 3 GG[300]. Daraus folgt, dass das Grundgesetz als Verfassung Vorrang gegenüber allen anderen nationalen Rechtsnormen hat. Stehen diese Normen im Widerspruch zur Verfassung, sind sie von Anfang an nichtig, ohne dass dies von einer gerichtlichen Entscheidung bestätigt wird[301].

---

297 Vgl. Kingreen/Poscher Rn. 96; Laubinger, VerwArch. Bd. 80, 261, 299 (1989); Gusy, ZJS 2008, 233 ff. (insbes. 234 ff. zu Kap. II. Abwehrrechtliche Ansprüche); Baumeister, S. 22 ff.

298 Vgl. Gusy, ZJS 2008, 233 ff. (insbes. S. 236 bis 238, dort Ziff. 3. und 4); Maurer/Waldhoff, §§ 26 und 28; speziell zur Verschuldensabhängigkeit *Zimmerling*, in: Herberger/Martinek/Rüßmann/Weth/ Würdinger, jurisPK-BGB, § 839 BGB Rn. 137 ff.

299 Fraglich könnte z.b. sein, von wem, mit welcher Fragstellung und auf welcher Datengrundlage die Evaluationen erstellt worden sind, vgl. Ehlers, S. 17 ff. und 51 ff.

300 Vgl. Gröpl/Windthorst/von Coelln, GG, Art. 20 Rn. 117.

301 Vgl. Gröpl/Windthorst/von Coelln, GG, Art. 20 Rn. 117.

Dies bedeutet für die hier gegenständliche Konstellation, dass Abwehransprüche der Ärzte aus dem Grundgesetz Vorrang haben vor den Prüfzeiten des EBM bzw. vor ärztlichem Erfahrungswissen. Entsprechende Zweifel gehen folglich zulasten der Kassenärztlichen Vereinigungen.

B. Beispielhafte Angaben im EBM für einzelne Bereiche

Nachfolgend sollen beispielhaft bestimmte Behandlungszeiten für die Bereiche „Besuch", „chronische Erkrankungen" und „Akupunktur" sowie die entsprechenden Prüfzeiten dargestellt werden. Maßgeblich sind die Angaben, die die KBV auf ihrer Internetseite veröffentlicht hat, wobei mit Blick auf den Beschluss des Bewertungsausschusses aus seiner 455. Sitzung vom 11.12.2019 zwischen den Zeiten

➢ bis zum 31.03.2020 und
➢ ab dem 01.04.2020

zu differenzieren ist (s.o.). Nachfolgend wird daher grundsätzlich auf die ab dem 01.04.2020 geltenden Angaben abgestellt, soweit keine anderslautenden Angaben gemacht werden.

I. Behandlungen und Zeiten für den Bereich „Besuch"

Im EBM[302] ist das Kapitel 1.4 aus dem Bereich „*II. Arztgruppenübergreifende allgemeine Gebührenordnungspositionen*" mit „*Besuche, Visiten, Prüfung der häuslichen Krankenpflege, Verordnung besonderer Behandlungsmaßnahmen, Verwaltungskomplex, telefonische Beratung, Konsultationspauschale, Verweilen*" überschrieben. Der Bereich Besuch ist im EBM geregelt in den GOP 01410 ff. Einleitend heißt es unter den hier maßgeblichen Ziffern:

1. *Ein Besuch/eine Visite ist eine ärztliche Inanspruchnahme, zu der der Arzt seine Praxis, Wohnung oder einen anderen Ort verlassen muss, um sich an eine andere Stelle zur Behandlung eines Erkrankten zu begeben. Ein Besuch liegt somit auch vor, wenn der Arzt zur Notversorgung eines Unfallverletzten auf der Straße gerufen wird. Sucht der Arzt seine eigene Arztpraxis oder eine andere Betriebs- oder Nebenbetriebsstätte auf, an denen er selbst vertragsärztlich oderangestellt tätig ist, ist kein Besuch berechnungsfähig.*

---

302 Veröffentlicht auf der Homepage der KBV (https://www.kbv.de/media/sp/EBM_Gesamt___Stand_2._Quartal_2020.pdf, Stand: 09.04.2020, Abrufdatum: 24.05.2020).

2. *Der Vertragsarzt erhält für jeden Besuch nach den Gebührenordnungspositionen 01410, 01411, 01412, 01415 oder 01418 sowie für die erste Visite nach der Gebührenordnungsposition 01414 einmal je Visitentag eine Wegepauschale entsprechend der vertraglichen Regelungen zu den Pauschalerstattungen. Bei Berechnung von mehr als einem Besuch und/oder mehr als einer Visite pro Tag bei demselben Patienten ist eine Begründung (Uhrzeitangabe) erforderlich. Dies gilt nicht für Visiten am Operationstag und/oder an dem auf die Operation folgenden Tag.*

3. *Die Gebührenordnungspositionen 01425 und 01426 sind nur von Ärzten berechnungsfähig, die berechtigt sind, Gebührenordnungspositionen der Kapitel 3, 4, 5, 7, 8, 9, 10, 13, 14, 15, 16, 18, 21, 25, 26 und/oder 27 abzurechnen.*

4. *Bei durchgängiger Behandlung im Sinne der spezialisierten ambulanten Palliativversorgung sind gemäß der Richtlinie des Gemeinsamen Bundesausschusses nach § 37b SGB V nach Ablauf des Versorgungszeitraumes der Erstverordnung nur noch Folgeverordnungen auszustellen, auch wenn ein neues Quartal begonnen hat. Wird die Behandlung unterbrochen und zu einem späteren Zeitpunkt eine erneute Behandlungsbedürftigkeit festgestellt, ist erneut eine Erstverordnung auszustellen.*

5. *Die Berechnung der Gebührenordnungsposition 01418 setzt die Angabe der Uhrzeit der Inanspruchnahme voraus.*

6. *Die Gebührenordnungspositionen 01442, 01444 und 01450 können nur berechnet werden, wenn die Voraussetzungen gemäß der Anlage 31b zum Bundesmantelvertrag-Ärzte (BMV-Ä) erfüllt sind und dies in Bezug auf die technischen Anforderungen durch eine Erklärung des Videodienstanbieters für die Arztpraxis gegenüber der Kassenärztlichen Vereinigung nachgewiesen wird. Jede Änderung ist der Kassenärztlichen Vereinigung anzuzeigen. (…)*

01410	**Besuch eines Kranken,** wegen der Erkrankung ausgeführt *Die Gebührenordnungsposition 01410 ist nicht neben den Gebührenordnungspositionen 01100 bis 01102, 01411 bis 01415, 01418, 01721 und 05230 berechnungsfähig.*	22,29 € 212 Punkte
01411	**Dringender Besuch** wegen der Erkrankung, unverzüglich nach Bestellung ausgeführt - zwischen 19:00 und 22:00 Uhr, oder an Samstagen, Sonntagen und gesetzlichen Feiertagen, am 24.12. und 31.12. zwischen 07:00 und 19:00 Uhr *(…)*	51,53 € 469 Punkte

| 01412 | **Dringender Besuch/dringende Visite auf der Belegstation** wegen der Erkrankung, unverzüglich nach Bestellung ausgeführt
- Dringender Besuch zwischen 22:00 und 07:00 Uhr oder
- Dringender Besuch an Samstagen, Sonntagen und gesetzlichen Feiertagen, am 24.12. und 31.12. zwischen 19:00 und 07:00 Uhr oder
- Dringender Besuch bei Unterbrechen der Sprechstundentätigkeit mit Verlassen der Praxisräume oder
- Dringende Visite auf der Belegstation bei Unterbrechen der Sprechstundentätigkeit mit Verlassen der Praxisräume
Die Gebührenordnungsposition 01412 ist für Besuche im Rahmen des organisierten Not(-fall)dienstes bzw. für Besuche im Rahmen der Notfallversorgung durch nicht an der vertragsärztlichen Versorgung teilnehmende Ärzte, Institute und Krankenhäuser nichtberechnungsfähig. Sofern die Partner der Gesamtverträge eigene Regelungen zur Vergütung der dringenden Visite auf der Belegstation bei Unterbrechender Sprechstundentätigkeit mit Verlassen der Praxisräume getroffen haben, ist die Gebührenordnungsposition 01412 für die dringende Visite auf der Belegstation bei Unterbrechen der Sprechstundentätigkeit mit Verlassen der Praxisräume nicht berechnungsfähig.
(...) | 68,78 €
626 Punkte |
| 01413 | **Besuch eines weiteren Kranken** in derselben sozialen Gemeinschaft (z.B. Familie) und/oder in beschützenden Wohnheimen bzw. Einrichtungen bzw. Pflege- oder Altenheimen mit Pflegepersonal
Obligater Leistungsinhalt
- Besuch eines weiteren Kranken in derselben sozialen Gemeinschaft (z. B. Familie) und/oder in beschützenden Wohnheimen bzw. Einrichtungen bzw. Pflege- oder Altenheimen mit Pflegepersonal in unmittelbarem zeitlichen Zusammenhang mit einem Besuch nach den Nrn. 01410, 01411, 01412, 01415 oder 01418
(...) | 11,65 €
106 Punkte |

Der Anhang 3 zum EBM enthält die entsprechenden Angaben für den zur Leistungserbringung erforderlichen Zeitaufwand des Vertragsarztes gemäß § 87 Abs. 2 S. 1 SGB V in Verbindung mit § 106d Abs. 2 SGB V. Darin heißt es auszugsweise[303]:

GOP	Kurzlegende	Kalkula-tionszeit in Minuten bis 31.03.2020[a]	Kalkula-tionszeit in Minu-ten ab 01.04.2020	Prüfzeit in Minu-ten bis 31.03.2020	Prüfzeit in Minuten ab 01.04.2020	Eignung der Prüf-zeit
01410	Besuch	KA	KA	20	13	Tages- und Quartals-profil
01411	Dringender Besuch I	KA	KA	./.	./.	Keine Eignung
01412	Dringender Besuch II	KA	KA	./.	./.	Keine Eignung
01413	Besuch eines weiteren Kranken	KA	KA	7	6	Tages- und Quartals-profil

[a] Vgl. zu dem bis zum 31.03.2020 gültigen EBM: Homepage der KBV (https://www.kbv.de/media/sp/EBM_Gesamt___Stand_1._Quartal_2020.pdf, Stand: 23.03.2020, Abrufdatum: 24.05.2020).

---

303 Dem Anhang 3 ist ein Glossar vorangestellt, das wie folgt lautet:

KA	Für diese Leistung hat der Bewertungsausschuss keine Kalkulationszeit vorgegeben
./.	Keine Angabe einer Prüfzeit
°	Bei Nachweis der Anstellung eines/einer Orthoptisten/Orthoptistin gegenüber der KV entfällt Prüfzeit
°°	Bei Nachweis der Anstellung eines/einer qualifizierten Mitarbeiters/Mitarbeiterin gegenüber der KV entfällt Prüfzeit
°°°	Bei der Erstellung des Tagesprofils ist als Prüfzeit auf die Kalkulationszeit zurückzugreifen.

Weiter sind vorhanden im Rahmen einer Ergänzung des EBM sog. Symbolnummern (SNR) für die Abrechnung bei Primärkassen, Ersatzkassen und sonstigen Kostenträgern[304]. Sie dienen zur Notation von Pauschalen, Einzelleistungen und Kosten, sofern diese nicht im EBM enthalten sind. Diese beinhalten auszugsweise folgende Angaben:

EBM-Nummer	Symbol-Nummer	Betrag	Bemerkungen
Nachtbesuche zwischen 19 und 7 Uhr **außerhalb des ärztlichen Notfalldienstes**			
01410	01410B	23,29 EUR	Besuch
01411	01411B	51,53 EUR	dringender Besuch
01412	01412B	68,78 EUR	dringender Besuch
01414	01414B	9,56 EUR	Visite

Für Prüfzeiten für die benannten Besuchszeiten sind nach vorliegenden Informationen weder Rechtsgrundlagen vorhanden, noch sind diese wissenschaftlich evaluiert. Deswegen sind diese nicht zu verwerten, weder in Plausibilitätsverfahren, noch in Disziplinarverfahren und erst recht nicht in Strafverfahren.

Darüber hinaus ergeben sich auf der Grundlage von speziellen Vereinbarungen Ansprüche der Ärzte auf Abrechnung eines Wegegeldes. Beispielhaft wird verwiesen auf die entsprechende Vereinbarung im Bereich der KVWL, die seit dem 01.04.2009 anzuwenden sind[305]. Darin ist u.a. geregelt, dass für

---

1) Gebührenordnungspositionen des Kapitels 32und entsprechende laboratoriumsmedizinische Gebührenordnungspositionen, vertraglich vereinbarte Kostenerstattungen und die Gebührenordnungspositionen der Abschnitte 11.4.2 bis 11.4.4 EBM und 19.4.2 bis19.4.4 EBM enthalten keine ärztlichen Kalkulations- und Prüfzeiten. 2) Der im Standardbewertungssystem verwendete Zeitbedarf für die ärztliche Leistung. 3) Gemäß der Allgemeinen Bestimmung 4.3.8 sowie den Anmerkungen unter den Gebührenordnungspositionen der Pauschalen für die fachärztliche Grundversorgungentsprechen die in Spalte 1 mit * gekennzeichneten Gebührenordnungspositionen nicht der fachärztlichen Grundversorgung. Zusätzlich zu den im Anhang 3 gekennzeichneten Gebührenordnungspositionen werden die Gebührenordnungspositionen der Abschnitte 11.4,19.4 und 32.3 EBM ebenfalls nicht der fachärztlichen Grundversorgung zugerechnet und führen zum Ausschluss der Berechnungsfähigkeit der Pauschale für die fachärztliche Grundversorgung.

304 https://www.kvwl.de/arzt/abrechnung/snr/snr_kvwl.pdf, S. 14 (Abrufdatum: 24.05.2020), Stand: 01.04.2020, Version: 20.2.5.

305 Vgl. https://www.kvwl.de/arzt/recht/kvwl/weggebuehren/wegegebuehr_vertrag.pdf und https://www.kvwl.de/arzt/recht/kvwl/weggebuehren/wegegebuehr_info.pdf, Abrufdatum: 24.05.2020.

jeden Besuch bis zu 2 Entfernungskilometern die Ärzte eine Wegepauschale erhalten. Diese wird automatisch durch die KVWL zugesetzt, wenn eine der in der folgenden Tabelle in Klammern aufgeführten Besuchsleistungen durchgeführt wurde:

1,40 EUR	Wegepauschale am Tage zwischen 7.00 und 19.00 Uhr (GOP 01410, 01411, 01412, 01414, 01415, 01721, 05230)
2,50 EUR	Wegepauschale bei Nacht zwischen 19.00 und 7.00 Uhr (GOP 01410B, 01411B, 01412B, 01414B, 01415B, 01721B, 05230B)

Anstelle der Wegepauschale erhalten die Ärzte für den Besuch ein Wegegeld, wenn die Wegstrecke von der Wohnung des Patienten zum Vertragsarztsitz mehr als 2 Entfernungskilometer beträgt. Die Entfernung ist – kaufmännisch gerundet in DKM – neben der zutreffenden Besuchsleistung von dem Arzt anzugeben:

1,65 EUR je DKM	Wegegeld am Tage zwischen 7.00 und 19.00 Uhr (GOP 01410, 01411, 01412, 01414, 01415, 01721, 05230)
3,05 EUR je DKM	Wegegeld bei Nacht zwischen 19.00 und 7.00 Uhr (GOP 01410B, 01411B, 01412B, 01414B, 01415B, 01721B, 05230B)

II. Behandlungen und Zeiten für den Bereich „Chronikerpauschale"

Im EBM[306] regelt das Kapitel 3 aus dem Bereich „*III. Arztgruppenspezifische Gebührenordnungspositionen*" den hausärztlichen Versorgungsbereich. Die darin aufgeführten GOP können grundsätzlich ausschließlich von

- Fachärzten für Allgemeinmedizin,
- Fachärzten für Innere und Allgemeinmedizin,
- Praktischen Ärzten,
- Ärzten ohne Gebietsbezeichnung,

---

306 Veröffentlicht auf der Homepage der KBV (https://www.kbv.de/media/sp/EBM_Gesamt___Stand_2._Quartal_2020.pdf, Stand: 09.04.2020, Abrufdatum: 24.05.2020).

– Fachärzten für Innere Medizin ohne Schwerpunktbezeichnung, die gegenüber dem Zulassungsausschuss ihre Teilnahme an der hausärztlichen Versorgung gemäß § 73 Abs. 1a SGB V erklärt haben, berechnet werden.

Das Kapitel 3.2.2 ist mit „Chronikerpauschalen, Gesprächsleistung" überschrieben. Nachfolgend sollen beispielhaft die GOP 03220, 03221, 03222 und 03230 dargestellt werden. Einleitend heißt es zu den maßgeblichen Ziffern:

Die Gebührenordnungspositionen 03220 bis 03222 sind nur bei Patienten berechnungsfähig, die folgende Kriterien erfüllen:

– Vorliegen mindestens einer lang andauernden, lebensverändernden Erkrankung,
– Notwendigkeit einer kontinuierlichen ärztlichen Behandlung und Betreuung.

Eine kontinuierliche ärztliche Behandlung liegt vor, wenn im Zeitraum der letzten vier Quartale unter Einschluss des aktuellen Quartals wegen derselben gesicherten chronischen Erkrankung(en) jeweils mindestens ein Arzt-Patienten-Kontakt gemäß 4.3.1 der Allgemeinen Bestimmungen pro Quartal in mindestens drei Quartalen in derselben Praxis stattgefunden hat. Hierbei müssen in mindestens zwei Quartalen persönliche Arzt-Patienten-Kontakte stattgefunden haben, wobei davon ein persönlicher Arzt-Patienten-Kontakt auch als Arzt-Patienten-Kontakt im Rahmen einer Videosprechstunde gemäß Anlage 31b zum BMVÄ erfolgen kann. Die Gebührenordnungspositionen 03220 bis 03222 können bei Neugeborenen und Säuglingen auch ohne die Voraussetzung der kontinuierlichen ärztlichen Behandlung berechnet werden. Eine kontinuierliche ärztliche Behandlung liegt auch vor, wenn der Patient mit mindestens einer lebensverändernden chronischen Erkrankung seinen ihn betreuenden Hausarzt gewechselt hat. In diesem Fall muss der die hausärztliche Betreuung übernehmende Hausarzt die bei einem anderen Hausarzt stattgefundenen Arzt-Patienten-Kontakte dokumentieren. Die Dokumentation ist mit der Abrechnung mittels einer kodierten Zusatznummer nachzuweisen.[307]

---

307 Vgl. hierzu die Richtlinie des GBA zur Umsetzung der Regelungen in § 62 für schwerwiegend chronisch Erkrankte („Chroniker-Richtlinie") in der Fassung vom 22.01.2004, veröffentlicht im Bundesanzeiger 2004 Nr. 18 (S. 1 343), zuletzt geändert am 17.112017, veröffentlicht im Bundesanzeiger AT 05.03.2018 B4, in Kraft getreten am 06.03.2018. Insbesondere wird in § 2 Abs. 2 geklärt, wann eine Krankheit schwerwiegend und chronische ist.

03220	**Zuschlag zu der Versichertenpauschale nach der Gebührenordnungsposition 03000 für die Behandlung und Betreuung eines Patienten mit mindestens einer lebensverändernden chronischen Erkrankung**	14,28 € 130 Punkte
	Obligater Leistungsinhalt - Persönlicher Arzt-Patienten-Kontakt, *Fakultativer Leistungsinhalt* - Fortlaufende Beratung hinsichtlich Verlauf und Behandlung der chronischen Erkrankung(en), - Leitliniengestützte Behandlung der chronischen Erkrankung(en), - Anleitung zum Umgang mit der/den chronischen Erkrankung(en), - Koordination ärztlicher und/oder pflegerischer Maßnahmen im Zusammenhang mit der Behandlung der chronischen Erkrankung(en), - Erstellung und ggf. Aktualisierung eines Medikationsplans und ggf. Anpassung der Selbstmedikation und der Arzneimittelhandhabung, - Überprüfung und fortlaufende Kontrolle der Arzneimitteltherapie mit dem Ziel des wirtschaftlichen und versorgungsgerechten Umgangs mit Arzneimitteln, einmal im Behandlungsfall *Die Berechnung der Gebührenordnungsposition 03220 setzt die Angabe der gesicherten Diagnose(n) der chronischen Erkrankung(en) gemäß ICD-10-GM voraus. (…)* *Die Gebührenordnungsposition 03220 ist im Behandlungsfall nicht neben den Gebührenordnungspositionen der „Onkologie-Vereinbarung" (Anlage 7 des Bundesmantelvertrags-Ärzte (BMV-Ä)) berechnungsfähig. Diese Ausschlüsse finden in versorgungsbereichsübergreifenden Berufsausübungsgemeinschaften, Medizinischen Versorgungszentren und Praxen mit angestellten Ärzten keine Anwendung, sofern diese Leistungen von Vertragsärzten des fachärztlichen Versorgungsbereiches erbracht werden.* *(…)*	

03221	**Zuschlag zu der Gebührenordnungsposition 03220 für die intensive Behandlung und Betreuung eines Patienten mit mindestens einer lebensverändernden chronischen Erkrankung** *Obligater Leistungsinhalt* - Mindestens zwei persönliche Arzt-Patienten-Kontakte, - Überprüfung und/oder Anpassung und/oder Einleitung von Maßnahmen der leitliniengestützten Behandlung der chronischen Erkrankung(en), *Fakultativer Leistungsinhalt* - Fortlaufende Beratung hinsichtlich Verlauf und Behandlung der chronischen Erkrankung(en), - Anleitung zum Umgang mit der/den chronischen Erkrankung(en), - Koordination ärztlicher und/oder pflegerischer Maßnahmen im Zusammenhang mit der Behandlung der chronischen Erkrankung(en), - Erstellung und ggf. Aktualisierung eines Medikationsplans und ggf. Anpassung der Selbstmedikation und der Arzneimittelhandhabung, - Überprüfung und fortlaufende Kontrolle der Arzneimitteltherapie mit dem Ziel des wirtschaftlichen und versorgungsgerechten Umgangs mit Arzneimitteln, einmal im Behandlungsfall (…)	4,39 € 40 Punkte
03222	**Zuschlag zu der Gebührenordnungsposition 03220,** einmal im Behandlungsfall *Die Gebührenordnungsposition 03222 wird durch die zuständige Kassenärztliche Vereinigung zugesetzt. (…)*	1,10 € 10 Punkte
03230	**Problemorientiertes ärztliches Gespräch, das aufgrund von Art und Schwere der Erkrankung erforderlich ist** *Obligater Leistungsinhalt* - Gespräch von mindestens 10 Minuten Dauer, - mit einem Patienten und/oder - einer Bezugsperson,	14,06 € 128 Punkte

Fakultativer Leistungsinhalt - Beratung und Erörterung zu den therapeutischen, familiären, sozialen oder beruflichen Auswirkungen und deren Bewältigung im Zusammenhang mit der/den Erkrankung(en), die aufgrund von Art und Schwere das Gespräch erforderlich macht (machen), je vollendete 10 Minuten[a]. *Die Gebührenordnungsposition 03230 ist im Notfall und im organisierten Not(-fall)dienst nicht berechnungsfähig. Bei der Nebeneinanderberechnung diagnostischer bzw. therapeutischer Gebührenordnungspositionen und der Gebührenordnungsposition 03230 ist eine mindestens 10 Minuten längere Arzt-Patienten-Kontaktzeit als in den entsprechenden Gebührenordnungspositionen angegeben Voraussetzung für die Berechnung der Gebührenordnungsposition 03230.* *(...)*

[a] Soweit im EBM Mindestzeiten angegeben sind, werden diese als sog. „EBM-harte Zeiten" bezeichnet.

Im Anhang 3 zum EBM heißt es auszugsweise:

GOP	Kurzlegende	Kalkulationszeit in Minuten bis 31.03.2020	Kalkulationszeit in Minuten ab 01.04.2020	Prüfzeit in Minuten bis 31.03.2020	Prüfzeit in Minuten ab 01.04.2020	Eignung der Prüfzeit
03220	Zuschlag zur GOP 03000[a] für die Behandlung und Betreuung eines Patienten mit mindestens einer lebensverändernden chronischen Erkrankung	KA	10	15	8	Tages- und Quartalsprofil
03221	Zuschlag zur GOP 03220 für die intensive Behandlung und Betreuung eines Patienten mit mindestens einer lebensverändernden chronischen Erkrankung	KA	3	4	2	Keine Eignung

GOP	Kurzlegende	Kalkula-tionszeit in Minu-ten bis 31.03.2020	Kalkula-tionszeit in Minu-ten ab 01.04.2020	Prüfzeit in Minu-ten bis 31.03.2020	Prüfzeit in Minu-ten ab 01.04.2020	Eig-nung der Prüf-zeit
03222	Zuschlag zur Gebühren-ordnungsposition 03220	KA	KA	./.	./.	Keine Eig-nung
03230	Problemorientiertes ärztliches Gespräch, das aufgrund von Art und Schwere der Erkran-kung erforderlich ist	KA	10	10	10	Tages-und Quar-tals-profil

[a] GOP 03000 = hausärztliche Versichertenpauschalen.

Besonders zu berücksichtigen ist, dass chronisch erkrankte Patienten zu einer ärztlichen Behandlung oftmals Gesprächszeit in Form von ärztlichen Gesprächen benötigen. Die entsprechende Behandlung erfüllt in solchen Fällen häufig zum einen die Versichertenpauschalen (GOP 3000) und zusätzlich die Chronikerpauschale (GOP 03220). Dies kann ggf. zu einer *Dopplung der Prüfzeiten* verschiedener Ziffern und letztlich zu einem hohen Volumen im Quartalsprofil führen.

Prüfzeiten für die benannten Zeiten für Chronikerpauschalen sind nach den vorliegenden Informationen – trotz zwischenzeitlicher Überarbeitung[308] – nicht wissenschaftlich evaluiert. Deswegen sind diese nicht zu verwerten, weder in Plausibilitätsverfahren, noch in Disziplinarverfahren und erst recht nicht in Strafverfahren[309].

---

308 Vgl. Scholl-Eickmann, GesR 2018, 426, 428.
309 A.A ohne dogmatische Begründung LSG Berlin-Brandenburg, Urt. vom 25.03.2015, Az. L 7 KA 19/12, juris Rn. 55 (*„Es ist für den Senat nicht vorstellbar, dass der Kläger die Summe der abgerechneten Leistungen an einem Arbeitstag erbracht haben kann.*").

III. Behandlungen und Zeiten für den Bereich „Akupunktur"

Im EBM[310] ist das Kapitel 30.7 aus dem Bereich *„IV. Arztgruppenübergreifende spezielle Gebührenordnungspositionen"* mit *„Schmerztherapie"* überschrieben[311]. Der Bereich Akupunktur ist geregelt in den GOP 30.7.3, dort: 30790 und 30791. Einleitend heißt es zu den hier maßgeblichen Ziffern:

2. Kommt es im Verlauf der schmerztherapeutischen Behandlung nach sechs Monaten zu keiner nachweisbaren Verbesserung der Beschwerdesymptomatik, soll der Arzt prüfen, ob der Patient von einer psychiatrischen bzw. psychotherapeutischen Mitbehandlung profitiert. Die Behandlung von chronisch schmerzkranken Patienten (mit Ausnahme von Malignompatienten) nach den Vorgaben der Qualitätssicherungsvereinbarung Schmerztherapie soll einen Zeitraum von zwei Jahren nicht überschreiten. Die Kassenärztliche Vereinigung kann den Arzt auffordern, diejenigen Patienten zu benennen, die sich über diesen Zeitraum hinaus in seiner Behandlung befinden. Hinsichtlich der weiteren Behandlung dieser Patienten kann die Kassenärztliche Vereinigung den Arzt zu einer Stellungnahme auffordern und/oder zu einem Beratungsgespräch einladen. (…)
7. Die Gebührenordnungspositionen 30790 und 30791 sind nur von

– *Fachärzten für Allgemeinmedizin, Fachärzten für Innere und Allgemeinmedizin, praktischen Ärzten und Ärzten ohne Gebietsbezeichnung,*
– *Fachärzten für Kinder- und Jugendmedizin,*
– *Fachärzten für Kinderchirurgie,*
– *Fachärzten für Innere Medizin,*
– *Fachärzten für Chirurgie,*
– *Fachärzten für Orthopädie bzw. Fachärzten für Orthopädie und Unfallchirurgie,*
– *Fachärzten für Neurologie, Fachärzten für Nervenheilkunde sowie Fachärzten für Neurologie und Psychiatrie,*
– *Fachärzten für Neurochirurgie,*
– *Fachärzten für Anästhesiologie,*
– *Fachärzten für Physikalische und Rehabilitative Medizin,*
– *Fachärzten für Psychosomatische Medizin und Psychotherapie mit einer Genehmigung der zuständigen Kassenärztlichen Vereinigung gemäß der Qualitätssicherungs-Vereinbarung Akupunktur nach § 135 Abs. 2 SGB V berechnungsfähig.*

---

310 Veröffentlicht auf der Homepage der KBV (https://www.kbv.de/media/sp/ EBM_Gesamt___Stand_2._Quartal_2020.pdf, Stand: 09.04.2020, Abrufdatum: 24.05.2020).
311 Die Durchführung einer Körperakupunktur ist erst seit 01.01.2007 und nur unter bestimmten einschränkenden Voraussetzungen Bestandteil des Leistungskatalogs der GKV, vgl. hierzu BSG, Urt. vom 13.02.2019, Az. B 6 KA 56/17 R, juris 19 ff. = GesR 2019, 304 ff.; Diehm, NZS 2019, 437.

| 30790 | **Eingangsdiagnostik und Abschlussuntersuchung zur Behandlung mittels Körperakupunktur** gemäß den Qualitätssicherungsvereinbarungen nach § 135 Abs. 2 SGB V bei folgenden Indikationen:
- chronische Schmerzen der Lendenwirbelsäule, und/oder
- chronische Schmerzen eines oder beider Kniegelenke durch Gonarthrose
Obligater Leistungsinhalt
- Schmerzanalyse zu Lokalisation, Dauer, Stärke und Häufigkeit,
- Bestimmung der Beeinträchtigung in den Alltagstätigkeiten durch den Schmerz,
- Beurteilung des Schmerzeinflusses auf die Stimmung,
- Integration der Akupunkturbehandlung in ein schmerztherapeutisches Gesamtkonzept,
- Schmerzanalyse und Diagnostik nach den Regeln der traditionellen chinesischen Medizin (z.B. anhand von Leitbahnen, Störungsmustern, konstitutionellen Merkmalen oder mittels Syndromdiagnostik),
- Erstellung des Therapieplans zur Körperakupunktur mit Auswahl der Leitbahnen, Spezifizierung der Akupunkturlokalisationen, Berücksichtigung der optimalen Punktekombinationen, Verteilung der Akupunkturlokalisationen,
- eingehende Beratung des Patienten einschließlich Festlegung der Therapieziele,
- Durchführung einer Verlaufserhebung bei Abschluss der Behandlung,
- Dokumentation,
- Dauer mindestens 40 Minuten,
- Bericht an den Hausarzt,
Fakultativer Leistungsinhalt
- Erläuterung zusätzlicher, flankierender Therapiemaßnahmen, einmal im Krankheitsfall
(…) | 56,69 €
516 Punkte |

| 30791 | **Durchführung einer Körperakupunktur** und ggfs. Revision des Therapieplans gemäß den Qualitätssicherungsvereinbarungen nach § 135 Abs. 2 SGB V zur Behandlung bei folgenden Indikationen:
- Chronische Schmerzen der Lendenwirbelsäule, oder
- Chronische Schmerzen eines oder beider Kniegelenke durch Gonarthrose
Obligater Leistungsinhalt
- Durchführung der Akupunktur gemäß dem erstellten Therapieplan,
- Aufsuchen der spezifischen Akupunkturpunkte und exakte Lokalisation,
- Nadelung akupunkturspezifischer Punkte mit sterilen Einmalnadeln,
- Verweildauer der Nadeln von mindestens 20 Minuten,
Fakultativer Leistungsinhalt.
- Beruhigende oder anregende Nadelstimulation,
- Hervorrufen der akupunkturspezifischen Nadelwirkung (De-Qui-Gefühl),
- Berücksichtigung der adäquaten Stichtiefe,
- Adaption des Therapieplanes und Dokumentation,
- Festlegung der neuen Punktekombination, Stimulationsart und Stichtiefe,
je dokumentierter Indikation bis zu zehnmal, mit besonderer Begründung bis zu 15-mal im Krankheitsfall. Die Sachkosten inklusive der verwendeten Akupunkturnadeln sind in der Gebührenordnungsposition 30791 enthalten. (…) | 18,24 €
166 Punkte |

Im Anhang 3 zum EBM heißt es auszugsweise:

GOP	Kurzlegende	Kalkulationszeit in Minuten bis 31.03.2020	Kalkulationszeit in Minuten ab 01.04.2020	Prüfzeit in Minuten bis 31.03.2020	Prüfzeit in Minuten ab 01.04.2020	Eignung der Prüfzeit
30790	Eingangsdiagnostik und Abschlussuntersuchung zur Behandlung mittels Körperakupunktur	42	40	30	29	nur Quartalsprofil

GOP	Kurzlegende	Kalkulationszeit in Minuten bis 31.03.2020	Kalkulationszeit in Minuten ab 01.04.2020	Prüfzeit in Minuten bis 31.03.2020	Prüfzeit in Minuten ab 01.04.2020	Eignung der Prüfzeit
30791	Durchführung einer Körperakupunktur	13	5	10	4	Tages- und Quartals- profil

Prüfzeiten für die benannten Akupunkturleistungen sind nach den vorliegenden Informationen nicht wissenschaftlich evaluiert. Deswegen sind diese nicht zu verwerten, weder in Plausibilitätsverfahren, noch in Disziplinarverfahren und erst recht nicht in Strafverfahren[312].

Zu den Akupunkturleistungen wird in der Literatur darauf hingewiesen, dass in verschiedenen Praxen sachverständig begleitete Erhebungen von entsprechenden Leistungen durchgeführt worden seien[313]. Der durchschnittlich ermittelte Zeitaufwand bei vollständiger Erfüllung des obligaten Leistungsinhalts habe bei etwa 90 Sekunden gelegen. Erfasst worden seien 73 Leistungsansätze von 5 Leistungserbringern in unterschiedlichen Praxen. Die längste angemessene Zeit habe bei 181 Sekunden gelegen. Zusammenfassend heißt es, dass Abweichungen von mehr als dem sechsfachen im Verhältnis zu den daraus resultierenden existenziellen Folgen ein grobes Missverhältnis darstellen würden und daher inakzeptabel seien.

---

312 A.A. ohne inhaltliche Begründung Hess. LSG, Urt. vom 13.09.2017, Az. L 4 KA 65/14, juris Rn. 53 = MedR 2018, 266 ff.
313 Vgl. Scholl-Eickmann, GesR 2018, 426, 428.

Vierter Teil: Verfahrensrechtlicher Ansatz

In diesem Teil sollen Ausführungen zu verfahrensrechtlichen, insbes. prozessualen Besonderheiten erfolgen. Anschließen wird in aller Kürze zu den Bereichen Recht und Gerechtigkeit Stellung genommen.

A. Verfahrensrechtliche, insbes. prozessuale Besonderheiten

I. Unterscheidung zwischen laufenden und bestandskräftig abgeschlossenen Verfahren

Gegen Honorarfestsetzungsbescheide haben die Ärzte die Möglichkeit Rechtsmittel einzulegen. Primär müssten in der Hauptsache Rechtsmittel (Widerspruch und ggf. Klage in der Hauptsache) eingelegt werden, wobei insoweit die Einhaltung von Fristen von elementarer Wichtigkeit ist. Kumulativ können die Ärzte nach Erlass von Honorarrückforderungsbescheiden die Anordnung der aufschiebenden Wirkung beantragen, da Widersprüche gegen Honorarfestsetzungsbescheide der Kassenärztlichen Vereinigungen gemäß § 85 Abs. 4 S. 6 SGB V keine aufschiebende Wirkung haben.

Für Honorarrückforderungsverfahren und auch für Disziplinarverfahren, die bereits bestandkräftig abgeschlossen sind, wird verwiesen auf § 44 Abs. 2 SGB X. Die Vorschrift lautet:

„Im Übrigen ist ein rechtswidriger nicht begünstigender Verwaltungsakt, auch nachdem er unanfechtbar geworden ist, ganz oder teilweise mit Wirkung für die Zukunft zurückzunehmen. Er kann auch für die Vergangenheit zurückgenommen werden."

§ 44 Abs. 2 SGB X schließt an an § 44 Abs. 1 SGB X, der nach dem Wortlaut nur in Betracht kommt, wenn Sozialleistungen zu Unrecht nicht erbracht oder Beiträge zu Unrecht erhoben worden sind. § 44 Abs. 2 SGB X ist insoweit nur anzuwenden, wenn die Voraussetzungen nach § 44 Abs. 1 SGB X nicht vorliegen.

Nach der Rechtsprechung des BSG muss der mit den Worten „Im Übrigen" eingeleitete § 44 Abs. 2 SGB X jedoch auch auf Verwaltungsakte anwendbar sein können, die Sozialleistungen und Beitragserhebungen betreffen. Er gilt für sie dann, wenn besondere Vorschriften – wie z.B. § 44 Abs. 1 S. 1 SGB X – für

Gruppen solcher Verwaltungsakte die Anwendung des § 44 Abs. 1 S. 1 SGB X, nicht aber auch die des § 44 Abs. 2 SGB X ausschließen[314]. Gemäß § 44 Abs. 2 S. 1 SGB X hat die Rücknahme der Bescheide zwingend für die Zukunft zu erfolgen. Ob die Bescheide gemäß § 44 Abs. 2 S. 2 SGB X für die Vergangenheit zurückgenommen werden, entscheiden die Behörden grundsätzlich nach pflichtgemäßem Ermessen. Im Rahmen des Ermessens ist zu berücksichtigen, dass der Normzweck des § 44 SGB X in der Verwirklichung der materiellen Gerechtigkeit auch für die Vergangenheit besteht. Die materielle Gerechtigkeit gebührt dabei Vorrang vor der Rechtsbeständigkeit behördlicher und gerichtlicher Entscheidungen[315], zumindest wenn eine Rückabwicklung für die Vergangenheit möglich und zumutbar ist. Grundsätzlich soll von Anfang an ein rechtmäßiger Zustand hergestellt werden[316].

Ein solcher Anspruch ist nicht von einem Antrag abhängig, die kassenärztlichen Vereinigungen müssen vielmehr von sich aus tätig werden. Allerdings empfiehlt es sich, dass die jeweiligen Ärzte ausdrückliche Rücknahmeanträge nach § 44 SGB X stellen[317].

II. Rechtsschutz gegen Honorarbescheide

Es ist nicht klar, wie sich die Kassenärztlichen Vereinigungen verhalten werden, wenn Rechtsmittel gegen Honorarrückforderungsbescheide zeitlich erst nach Ablauf von mehreren Quartalen zugunsten von Vertragsärzten entschieden werden.

Zwar ist nach den auch im Sozialrecht zu beachtenden Grundsätzen von Treu und Glauben[318] davon auszugehen, dass die Kassenärztlichen Vereinigungen die entsprechenden Honoraransprüche in jedem Fall erfüllen werden.

Dabei ist jedoch zu beachten, dass auch in zwischenzeitlich ergangenen Honorarbescheiden nach Maßgabe von vorhergehenden Honorarrückforderungsbescheiden Honorarkürzungen o.ä. aufgeführt sein können.

Um zu verhindern, dass sich die entsprechenden Kassenärztlichen Vereinigungen darauf berufen könnte, Honorarbescheide inklusive der darin

---

314 Vgl. BSG, Urt. vom 24.02.1987, Az. 11b RAr 25/86, juris Rn. 9 = BSGE 61, 184 ff.; BT-Drs. 8/2034, S. 34.

315 Vgl. BSG, Urt. vom 11.11.2003, Az. B 2 U 32/02 R, juris Rn. 19 = NZS 2004, 660 ff.

316 Vgl. BSG, Urt. vom 24.02.1987, Az. 11b RAr 60/86, juris = SozR 1300 § 44 Nr. 28; Diering/Timme/Stähler, § 44 Rn. 54 m.w.N.

317 Vgl. Diering/Timme/Stähler, § 44 Rn. 39.

318 Vgl. Becker, S. 102.

ausgewiesenen Rückforderungssumme seien mangels wirksamer Einlegung von Rechtsbehelfen gem. § 77 SGG bestandkräftig geworden[319], so dass die entsprechende Summe ausschließlich aus diesem Grunde zurück zu gewähren sei, sollte auch gegen entsprechende Honorarbescheide unter Beachtung der entsprechenden Fristen Rechtsmittel eingelegt werden.

III. Rechtsschutz gegen Entscheidungen des Bewertungsausschusses

Da die Bewertungsmaßstäbe Rechtsnormen sind und das SGG im Gegensatz zu § 47 VwGO grundsätzlich keine Normenkontrollklage kennt, kann die Wirksamkeit der Bewertungsmaßstäbe nur *inzident* überprüft werden, aus vertragsarztrechtlicher Sicht regelmäßig im Rahmen von rechtlichen Überprüfungen von Honorar- oder Honorarrückforderungsbescheiden[320].

Wie bereits an anderer Stelle der Bearbeitung umfassen erläutert[321], ist allerdings zu beachten, dass der Bewertungsausschuss einen weiten Gestaltungsspielraum bei der Aufstellung des Leistungsverzeichnisses und der Bewertung der Leistungen hat, der gerichtlich nur eingeschränkt überprüfbar ist. Die richterliche Kontrolle untergesetzlicher Normen beschränkt sich darauf, ob die äußersten rechtlichen Grenzen der Rechtsetzungsbefugnis durch den Normgeber überschritten wurden. Dies ist erst dann der Fall, wenn die getroffene Regelung in einem „*groben Missverhältnis*" zu den mit ihr verfolgten legitimen Zwecken steht[322], d.h. in Anbetracht des Zwecks der Ermächtigung schlechterdings unvertretbar oder unverhältnismäßig ist[323]. Die gerichtliche Kontrolle von Entscheidungen des Bewertungsausschusses ist somit im Wesentlichen auf die Prüfung beschränkt, ob sich die untergesetzlichen Normen auf eine ausreichende Ermächtigungsgrundlage stützen können und ob die Grenzen des Gestaltungsspielraums eingehalten sind[324].

---

319 Vgl. BSG, Urt. vom 23.02.2005, Az. B 6 KA 77/03 R, juris Rn. 14 = MedR 2005, 725 ff.; Meyer-Ladewig, SGG, § 86b Rn. 5; Jansen, SGG, § 77 Rn. 2 ff.; Hartmannsgruber, in: Ratzel/Luxenburger, §°7 Rn. 896.

320 Vgl. BSG, Urt. vom 13.08.2014, Az. B 6 KA 46/13 R, juris Rn. 31 = SozR 4-5555 § 22 Nr. 1; BSG, Urt. vom 13.08.2014, Az. B 6 KA 5/14 R, juris Rn. 28 = MedR 2015, 459 ff.; Hess. LSG, Urt. vom 13.09.2017, Az. L 4 KA 64/14, MedR 2018, 266 ff.; *Freudenberg*, in: Schlegel/Voelzke, jurisPK-SGB V, § 87 Rn. 83.

321 Vgl. 2. Teil, G., I., 3.

322 Vgl. BVerfG, Urt. vom 19.03.2003, Az. 2 BvL 9/98, juris Rn. 62 = BVerfGE 108, 1/19 ff.

323 Vgl. BSG, Urt. vom 28.05.2008, Az. B 6 KA 9/07 R, juris Rn. 17 = MedR 2009, 174 ff.

324 Vgl. BSG, Urt. vom 24.10.2018, Az. B 6 KA 42/17 R, juris Rn. 13 m.w.A., GesR 2019, 244 ff. und Az. B 6 KA 43/17 R, juris Rn. 13 m.w.N.; BSG, Urt. vom 11.10.2017, Az. B

IV. Antrag auf Anordnung der aufschiebenden Wirkung

Oftmals werden von den Ärzten gegen die Honorarrückforderungsansprüche der Kassenärztlichen Vereinigungen das statthafte Rechtsmittel, d.h. Widerspruch gemäß §§ 83 ff. SGG eingelegt. Solche Widersprüche haben grundsätzlich gemäß § 86a Abs. 1 S. 1 SGG aufschiebende Wirkung. Etwas anderes gilt jedoch u.a. in durch Bundesgesetz bestimmten Fällen, § 86a Abs. 2 Nr. 4 SGG. Eine solche Regelung enthält u.a. § 85 Abs. 4 S. 6 SGB V[325]. Danach haben Widerspruch und Klage gegen die Honorarfestsetzung sowie ihre Änderung oder Aufhebung keine aufschiebende Wirkung. Bescheide über die Honorarfestsetzung sind neben der vorläufigen und endgültigen Honorarfestsetzung auch die sachlich-rechnerische Richtigstellung und die hierauf fußende Honorarrückforderung einschließlich der Verrechnung solcher Forderungen mit Honoraransprüchen[326].

Hiergegen ist es gemäß § 86b Abs. 1 S. 1 SGG statthaft, einen Antrag bei den Sozialgerichten zu stellen, durch den die aufschiebende Wirkung des Widerspruchs gegen den Honorarrückforderungsbescheid angeordnet werden kann. Danach kann das Gericht der Hauptsache auf Antrag in den Fällen, in denen Widerspruch oder Anfechtungsklage aufschiebende Wirkung haben, die sofortige Vollziehung ganz oder teilweise anordnen (Nr. 1), in den Fällen, in denen Widerspruch oder Anfechtungsklage keine aufschiebende Wirkung haben, die aufschiebende Wirkung ganz oder teilweise anordnen (Nr. 2) und in den Fällen des § 86b Abs. 3 SGG die sofortige Vollziehung ganz oder teilweise wiederherstellen (Nr. 3). Ist der Bescheid zum Zeitpunkt der Entscheidung schon vollzogen oder befolgt worden, kann das Gericht die Aufhebung der Vollziehung anordnen. In entsprechender Anwendung der Norm kann das Gericht auf Antrag durch deklaratorischen Beschluss aussprechen, dass der Widerspruch bzw. die Klage aufschiebende Wirkung haben. Ein Ausspruch mit feststellender Wirkung ist zwar dem Wortlaut nach in § 86b SGG nicht ausdrücklich vorgesehen, er ist jedoch als Minus zur Anordnung der aufschiebenden Wirkung von § 86b Abs. 1 S. 1 Nr. 2 SGG mit umfasst[327].

---

6 KA 37/17 R, juris Rn. 35 m.w.N. = SozR 4-2500 § 87 Nr. 35 bis 37; Hess. LSG, Urt. vom 13.09.2017, Az. L 4 KA 64/14, MedR 2018, 266 ff.

325 Vgl. Meyer-Ladewig, SGG, § 86b Rn. 5; inhaltsgleich § 87b Abs. 2 S. 6 SGB V, so LSG NRW, Beschl. vom 20.03.2019, Az. L 11 KA 76/18 B ER, juris Rz. 31; Keller, in: Meyer-Ladewig/Keller/Leitherer/Schmidt, 12. Aufl., 2017, § 86a Rz. 16d; Ossege, Anm. zu LSG NRW, Beschl. vom *20.03.2019, Az. L 11 KA 76/18 B ER, GesR 2019, 446 ff./453 f.*

326 Vgl. LSG NRW, Beschl. vom 02.01.2018, Az. L 11 KA 39/17 B ER, juris Rn. 35.

327 Vgl. LSG NRW, Beschl. vom 02.01.2018, Az. L 11 KA 39/17 B ER, juris Rn. 29.

Hingegen nennt § 86b Abs. 1 SGG keine Voraussetzungen für den Erfolg des Eilantrags. Insbesondere differenziert § 86b Abs. 1 SGG nicht nach Anordnungsgrund und Anordnungsanspruch. Infolgedessen ist zu klären, welcher Maßstab für die richterliche Eilentscheidung wesentlich ist. Hierzu werden unterschiedliche Auffassungen vertreten. Als Eingangskriterium kann festgelegt werden, dass die öffentlichen und privaten Interessen abzuwägen sind. Dabei steht eine Prüfung der Erfolgsaussichten zunächst im Vordergrund. Auch wenn das Gesetz keine materiellen Kriterien nennt, kann als Richtschnur für die Entscheidung davon ausgegangen werden, dass das Gericht dann die aufschiebende Wirkung wiederherstellt, wenn der angefochtene Verwaltungsakt offenbar rechtswidrig ist und der Betroffene durch ihn in subjektiven Rechten verletzt wird. Am Vollzug eines offensichtlich rechtswidrigen Verwaltungsaktes besteht kein öffentliches Interesse. Andererseits liegt ein überwiegendes öffentliches Interesse dann vor, wenn der angefochtene Verwaltungsakt ersichtlich rechtmäßig ist[328]. In der Gesetzesbegründung heißt es[329]:

„Ein überwiegendes öffentliches Interesse an der sofortigen Vollziehung wird von den Gerichten regelmäßig auch dann angenommen, wenn sich ohne weiteres und in einer jeden vernünftigen Zweifel ausschließenden Weise erkennen lässt, dass der angefochtene Verwaltungsakt rechtmäßig ist und die Rechtsverfolgung des Bürgers keinerlei Erfolg verspricht (...)."

Wenn die Erfolgsaussichten hingegen nicht offensichtlich sind, müssten die für und gegen eine sofortige Vollziehung sprechenden Gesichtspunkte gegeneinander abgewogen werden. Nach Auffassung des LSG NRW kommt es im Rahmen der Interessenabwägung ggf. auch auf wirtschaftliche Beeinträchtigungen an[330]. Die wirtschaftlichen Beeinträchtigungen hätten indessen keine solche Bedeutung wie im Anwendungsbereich des § 86b Abs. 2 SGG, da sie dort in der Form des Anordnungsgrundes gleichrangig neben dem Anordnungsanspruch stünden. Für § 86b Abs. 1 SGG seien wirtschaftliche Interessen *ein* Kriterium neben einer Vielzahl anderer in die Abwägung unter Umständen einzubeziehender Umstände und könnten – je nach Sachlage – auch von untergeordneter Bedeutung sein[331].

---

328 Vgl. LSG NRW, Beschl. vom 02.01.2018, Az. L 11 KA 39/17 B ER, juris Rn. 36; LSG NRW, Beschl. vom 13.06.2016, Az. L 11 KA 76/15 B ER, juris Rn. 26.
329 Vgl. BT-Drs. 14/5943 zu Nr. 34, S. 25, li Spalte.
330 LSG NRW, Beschl. vom 13.06.2016, Az. L 11 KA 76/15 B ER, juris Rn. 26.
331 LSG NRW, Beschl. vom 13.06.2016, Az. L 11 KA 76/15 B ER, juris Rn. 26.

Häufig tragen Ärzte in entsprechenden Antragsverfahren vor, durch die Honorarrückzahlung in ihrer Existenz gefährdet zu sein[332]. In den Fällen müssen sie nach Auffassung des LSG NRW eine entsprechende wirtschaftliche Situation glaubhaft machen und nachvollziehbar darlegen, dass diese kausal auf die angegriffene Maßnahme zurückzuführen ist[333]. Macht ein Arzt erhebliche Zahlungsverpflichtungen geltend, fehlt es am Anordnungsgrund, wenn diese nicht kausal durch den Betrieb der Arztpraxis entstanden sind[334]. Keinesfalls reicht es aus, wenn z.b. ein Vertragsarzt defizitäre Salden ausweisende steuerliche Bilanzen oder Gewinn- und Verlustrechnungen vorlegt. Es ist mehrfach entschieden worden, dass steuerrechtliche Regelungen angesichts ihrer spezifischen Zielsetzung eine Vielzahl von disponiblen und manipulativen Gestaltungsmöglichkeiten einräumen, mithin von vornherein ungeeignet sind, einen Anordnungsgrund glaubhaft zu machen[335]. In der Regel muss hinzukommen, dass der Arzt glaubhaft macht, personelle und organisatorische Effizienzoptimierungsmaßnahmen ausgeschöpft zu haben[336], unmittelbar von Insolvenz bedroht zu sein oder die Schließung oder doch nennenswerte Einschränkung seines Praxisbetriebs befürchten zu müssen[337].

Vor diesen Hintergründen ist jedoch zu berücksichtigen, dass die Prüfung der Erfolgsaussichten eines Antrags nach § 86b Abs. 1 SGG zweistufig erfolgt,

---

332 Nach Auffassung des BSG (Urt. vom 17.09.1997, Az. 6 RKa 86/95, juris Rz. 22 = MedR 1998, 338 ff.) ist eine *„angemessene Risikoverteilung zwischen KÄV einerseits und unrichtig abrechnendem Vertragsarzt andererseits"* zu gewährleisten.; Schütz, KrV 2020, 52/52.

333 LSG NRW, Beschl. vom 13.06.2016, Az. L 11 KA 76/15 B ER, juris Rn. 33 m.w.N.

334 LSG Nds., Beschl. vom 16.10.1997, Az. L 5 Ka 58/97 eR, juris Rn. 6 = Breith 1998, 344.

335 Vgl. LSG NRW, Beschl. vom 13.06.2016, Az. L 11 KA 76/15 B ER, juris Rn. 33; LSG NRW, Beschl. vom 28.12.2010, Az. L 11 KA 60/10 B ER, juris Rn. 60 ff. (62); LSG NRW, Beschl. vom 19.03.2009, Az. L 11 B 20/08 KA ER, juris Rn. 26; BSG, Urt. vom 02.09.2009, Az. B 12 KR 21/08 R, juris = SozR 4-2500 § 240 Nr. 12 (zur Festsetzung der Beitragshöhe von selbstständigen freiwilligen Mitgliedern einer Krankenkasse nach § 240 SGB V, maßgebend ist der Einkommensteuerbescheid).

336 Vgl. LSG NRW, Beschl. vom 24.06.1997, Az. L 11 SKa 20/97, n.v.

337 Vgl. LSG NRW, Beschl. vom 12.08.2013, Az. L 11 KA 92/12 B ER, juris Rn. 25; LSG NRW, Beschl. vom 11.01.2013, Az. L 11 KA 123/12 B ER, juris Rn. 28 = MedR 2013, 471 ff.; LSG NRW, Beschl. vom 05.12.2012, Az. L 11 KA 121/12 B ER, juris Rn. 30 = ZMGR 2013, 43 ff.; LSG NRW, Beschl. vom 18.07.1997, Az. L 11 SKa 27/97 n.v. (angegeben im Beschl. des LSG NRW vom 13.06.2016, Az. L 11 KA 76/15 B ER, juris Rn. 33); LSG NRW, Beschl. 22.02.1996, L 11 SKa 55/95, n.v. (angegeben im Beschl. des LSG NRW vom 13.06.2016, Az. L 11 KA 76/15 B ER, juris Rn. 33).

wobei die 2. Stufe ausschließlich dann zur Anwendung kommt, wenn auf der der 1. Stufe die offenbare Rechtmäßig- oder Rechtswidrigkeit des zugrundeliegenden Verwaltungsaktes trotz umfassender Prüfung von Sach- und Rechtslage nicht klar ist. Wenn eine solche Prüfung auf der 1. Stufe jedoch noch nicht stattgefunden hat, kommt auf die Darlegung des Anordnungsgrundes nicht an.

Vor diesen Hintergründen ist zu fragen, wie umfangreich die Ermittlungspflicht der Sozialgerichte in Verfahren nach § 86b Abs. 1 S. 1 Nr. 2 SGG ist. Diese haben zum Teil die Befürchtung, die tatsächlich und rechtlich hochkomplexen Rechtsstreitigkeiten könnten zu Hauptsacheverfahren mutieren[338].

Dieser Befürchtung steht jedoch die Rechtsprechung des BVerfG vom 14.09.2016 entgegen, das sich entscheidend auf Art. 19 Abs. 4, 20 Abs. 3 GG stützt[339]. In der Entscheidung heißt es u.a.:

„Grundsätzlich ist bei der Entscheidung über die Gewährung vorläufigen Rechtsschutzes eine summarische Prüfung verfassungsrechtlich unbedenklich; die notwendige Prüfungsintensität steigt jedoch mit der drohenden Rechtsverletzung, die bis dahin reichen kann, dass die Gerichte unter besonderen Umständen – wenn sie sich an den Erfolgsaussichten der Hauptsache orientieren wollen – dazu verpflichtet sein können, die Sach- und Rechtslage nicht nur summarisch, sondern abschließend zu prüfen (…). Droht einem Antragsteller bei Versagung des einstweiligen Rechtsschutzes eine erhebliche, über Randbereiche hinausgehende Verletzung in seinen Grundrechten, die durch eine der Klage stattgebende Entscheidung in der Hauptsache nicht mehr beseitigt werden kann, so ist – erforderlichenfalls unter eingehender tatsächlicher und rechtlicher Prüfung des im Hauptsacheverfahren geltend gemachten Anspruchs – einstweiliger Rechtsschutz zu gewähren, es sei denn, dass ausnahmsweise überwiegende, besonders gewichtige Gründe entgegenstehen (…). Denn in diesen Fällen kann das Fachgericht nur im einstweiligen Rechtsschutz eine endgültige Grundrechtsverletzung verhindern. Ausschließlich auf eine sorgfältige und hinreichend substantiierte Folgenabwägung kommt es nur an, soweit eine – nach vorstehenden Maßstäben durchzuführende – Rechtmäßigkeitsprüfung nicht möglich ist (…).“

Im Rahmen der hier gegenständlichen Problematik ist darauf hinzuweisen, dass die Ärzte aufgrund der fehlenden aufschiebenden Wirkung ihrer Widersprüche (§ 85 Abs. 4 S. 6 SGB V) in vielen Fällen aufgrund der Finanzierung der hohen Rückforderungsbeträge[340] existentiell darauf angewiesen sind, dass die Sozialgerichte auch in Anordnungsverfahren nach § 86b Abs. 1 S. 1 Nr. 2 SGG einem

---

338 Vgl. LSG NRW, Beschl. vom 02.01.2018, Az. L 11 KA 39/17 B ER, juris Rn. 73; LSG NRW, Beschl. vom 13.06.2016, Az. L 11 KA 76/15 B ER, juris Rn. 37.
339 Vgl. BVerfG, Beschl. vom 14.09.2016, Az. 1 BvR 1335/13, juris Rn. 20 = NVwZ 2017, 149 ff.; Dahm, MedR 2017, 659, 661 (Ziff. 6); Burkiczak, NZS 2017, 75.
340 Vgl. Dahm, MedR 2017, 659, 661 (Ziff. 4).

Hauptsacheverfahren gleich umfassend ermitteln. Dies gilt insbesondere deswegen, weil die Ärzte nach der hier vertretenen Auffassung andernfalls in ihren Grundrechten in Art. 12 Abs. 1, 14 Abs. 1 und 2 Abs. 1 GG verletzt werden können. Ausnahmetatbestände hierfür, z.b. zeitlicher Art, sind nicht ersichtlich[341].

Ein möglicher Lösungsansatz für das faktisch vorhandene Ungleichgewicht der Interessen der Kassenärztlichen Vereinigungen einerseits und der Ärzte andererseits besteht darin, § 85 Abs. 4 S. 6 SGB V, wonach Widersprüche und Klagen gegen Honorarfestsetzungen sowie ihre Änderung oder Aufhebung keine aufschiebende Wirkung haben, ersatzlos zu streichen[342]. Dies würde dazu führen, dass Widersprüche und Anfechtungsklagen gegen Honorarrückforderungsbescheide nach der Grundregel des § 86a Abs. 2 S. 1 SGG aufschiebende Wirkung hätten. Es sind keine Grunde ersichtlich, dass durch eine Streichung des § 85 Abs. 4 S. 6 SGB V entgegen der Intention des Gesetzgebers die finanzielle Funktionsfähigkeit der vertragsärztlichen Leistungserbringung gefährdet würde.[343] Insbesondere hätten die Kassenärztlichen Vereinigungen in dem Fall immer noch gemäß § 86a Abs. 2 Nr. 5 SGG die Möglichkeit, die sofortige Vollziehung mit schriftlicher Begründung des besonderen Interesses an der sofortigen Vollziehung anzuordnen. Dabei ist zu beachten, dass das Interesse über jenes hinausgehen muss, das den Erlass des Verwaltungsaktes selbst rechtfertigt.[344]

V. Rechtsmittel in der Hauptsache

In der Hauptsache sollte zunächst im Rahmen einer Anfechtungsklage gegen die entsprechende Kassenärztliche Vereinigung gemäß § 54 Abs. 1 S. 1 Alt. 1 SGG die Aufhebung des jeweiligen Honorarrückforderungsbescheids beantragt werden. Ergänzend sollte im Rahmen eines weiteren Antrags zur Sicherheit ein Leistungsantrag gemäß § 54 Abs. 5 SGG gerichtet auf Auszahlung des ggf. von den Kassenärztlichen Vereinigungen nicht ausbezahlten Arzthonorars gestellt werden[345].

---

341 Vgl. Dahm, MedR 2017, 659, 661 (Ziff. 3); Burkiczak, NZS 2017, 75.

342 Vgl. Kuhlen, ArztuR 2002, 65 f. = NJW 2002, 3155 f.; Ossege, Anm. zu LSG NRW, Beschl. vom *20.03.2019, Az. L 11 KA 76/18 B ER, GesR 2019, 446 ff./453 f.*

343 So aber ohne weitere Begründung Ausschussbericht zum 6. SGGÄndG, BT-Drs. 14/6335, S. 33 zu Art. 4.

344 BVerfG, Beschl. vom 30.10.2009, Az. 1 BvR 2395/09, juris Rn. 7 = SozR 4-4200 § 39 Nr. 1; BVerfG, Beschl. vom 18.07.1973, Az. 1 BvR 23/73, juris Rn. 55 = BVerfGE 35, 382 ff.; *Richter*, in: Schlegel/Voelzke, jurisPK-SGG, § 86a SGG Rn. 61.

345 Vgl. Jansen, SGG, § 54 Rn. 18.

Eine Verpflichtungsklage ist insoweit nicht statthaft, da das Honorar bereits in den Honorarbescheiden der Kassenärztlichen Vereinigungen dem Grunde und der Höhe nach unmittelbar festgesetzt ist. Anspruchsgrundlage der Ärzte ist insoweit der öffentlich-rechtliche Erstattungsanspruch, soweit die jeweilige Kassenärztliche Vereinigung ärztliches Honorar ohne Rechtsgrund nicht an den Arzt ausbezahlt hat.

VI. Disziplinarverfahren

Wenn Verwaltungs- bzw. Gerichtsverfahren, die die unmittelbare Rechtmäßigkeit von Honorarrückforderungsverfahren zum Gegenstand haben, nicht oder noch nicht entschieden worden sind, kann die Rechtmäßigkeit von Honorarrückforderungsbescheiden auch im Disziplinarverfahren entschieden werden.

Dabei ist das Disziplinarrecht der Kassenärztlichen Vereinigungen verfassungsgemäß. Die gesetzlichen Vorgaben für die Festsetzung von Disziplinarmaßnahmen sind hinreichend bestimm[346].

Gemäß § 75 Abs. 2 S. 2 SGB V haben die Kassenärztlichen Vereinigungen die Erfüllung der den Vertragsärzten obliegenden Pflichten zu überwachen und die Vertragsärzte, soweit notwendig, unter Anwendung der in § 81 Abs. 5 S. 1 SGB V vorgesehenen Maßnahmen zur Erfüllung dieser Pflichten anzuhalten. Gemäß § 81 Abs. 5 S. 1 SGB V müssen die Satzung der Kassenärztlichen Vereinigungen die Voraussetzungen und das Verfahren zur Verhängung von Maßnahmen gegen die Mitglieder bestimmen, die ihre vertragsärztlichen Pflichten nicht oder nicht ordnungsgemäß erfüllen. Maßnahmen sind je nach der Schwere der Verfehlung Verwarnung, Verweis, Geldbuße oder die Anordnung des Ruhens der Zulassung oder der vertragsärztlichen Beteiligung bis zu zwei Jahren[347]. Das Höchstmaß der Geldbußen kann bis zu 50.000 Euro betragen. Ein Vorverfahren nach § 78 SGG findet nicht statt.

Disziplinarmaßnahmen sollen zum einen bewirken, dass die vertragsrechtlichen Pflichten eingehalten werden und zum anderen das System der vertragsärztlichen Versorgung aufrechterhalten bleibt[348]. Sie dienen anders als strafrechtliche Sanktionen gerade nicht der Vergeltung oder Sühne. Wegen ihrer vom Strafrecht abweichenden präventiven Zielrichtung sind die disziplinarische

---

346 Vgl. BSG, Urt. vom 30.11.2016, Az. B 6 KA 38/15 R, juris Rn. 18 m.w.N. = GesR 2017, 371 ff.

347 Vgl. BSG, Urt. vom 30.11.2016, Az. B 6 KA 38/15 R, juris Rn. 19 = GesR 2017, 371 ff.

348 Vgl. Steinmann-Munzinger/Engelmann, in: Schlegel/Voelzke, jurisPK-SGB V, § 81 Rn. 52.

und strafrechtliche Verfolgung einer Tat nebeneinander zulässig[349]. Insbesondere verstößt dies nach Auffassung des BVerfG nicht gegen das Verbot der Doppelbestrafung nach Art. 103 Abs. 3 GG[350].
Entscheidend ist, ob strafrechtlich relevantes Tun oder Unterlassen auch einen vertragsärztlichen Pflichtverstoß darstellt. Nach der Rechtsprechung des BSG gehört es zu den vertragsärztlichen Pflichten, dass der Vertragsarzt in Ausübung der vertragsärztlichen Tätigkeit Gesetzesverstöße begeht[351].

Dies führt im Ergebnis dazu, dass auch parallele Entscheidungen oder sich widersprechende Entscheidungen denkbar sind[352]. Denn bei der Auswahl der Maßnahme ist ein Disziplinarausschuss grundsätzlich berechtigt, nach seinem Ermessen zu handeln, sodass die Entscheidung insoweit nur einer eingeschränkten gerichtlichen Prüfung zugänglich ist. Ein entsprechender Bescheid des Disziplinarausschusses ist daher nach § 54 Abs. 2 SGG nur bei Ermessensüberschreitung oder bei Ermessensfehlgebrauch rechtswidrig. Die Gerichte haben dazu die Voraussetzungen des Ermessens festzustellen, d.h. insbesondere zu prüfen, ob die Behörde von einem vollständig ermittelten Sachverhalt ausgegangen ist und sich von sachgerechten Erwägungen hat leiten lassen; dabei ist es auf die im Verwaltungsakt mitgeteilten Ermessenserwägungen beschränkt[353].

Dabei ist es jedoch fernliegend anzunehmen, die Kassenärztlichen Vereinigungen würden solche Entscheidungen zulassen.

In dem Zusammenhang ist verfahrensrechtlich darauf hinzuweisen, dass nach den Disziplinarordnungen der Kassenärztlichen Vereinigungen die Einleitung eines Disziplinarverfahrens eines schriftlichen Antrages bedarf. Der Antrag kann gestellt werden u.a. vom Vorstand der jeweiligen Kassenärztlichen Vereinigung. Der Antrag kann jedoch auch jederzeit wieder zurückgenommen werden.

---

349 Vgl. BSG, Urt. vom 08.03.2000, Az. B 6 KA 62/98 R, juris Rn. 19 = MedR 2001, 49 ff.;
     zur Abgrenzung von Disziplinarverfahren zur Berufsgerichtsbarkeit, zum Entzug
     der Zulassung und zum Widerruf der Approbation Hartmannsgruber, in: Ratzel/
     Luxenburger, § 7 Rn. 1186 ff.
350 Vgl. BVerfG, Beschl. vom 02.05.1967, Az. 2 BvL 1/66, juris Rn. 41 = BVerfGE 21, 391 ff.;
     Vgl. BVerfG, Beschl. vom 29.10.1969, Az. 2 BvR 545/68, juris Rn. 20 ff. = BVerfGE 27,
     180 ff.; BSG, Beschl. vom 25.09.1997, Az. 6 BKA 54/96; juris Rn. 5; Hartmannsgruber,
     in: Ratzel/Luxenburger, § 7 Rn. 1183.
351 Vgl. BSG, Beschl. vom 25.09.1997, Az. 6 BKA 54/96, juris Rn. 5; Hartmannsgruber,
     in: Ratzel/Luxenburger, § 7 Rn. 1184.
352 Vgl. zur entsprechenden Anwendung von § 153a StPO in Disziplinarverfahren § 14
     Abs. 2 der Anlage 2 zur Satzung der KV Berlin (= Diziplinarordnung), Ossege/Dag,
     GesR 2020, 98 f.; Meyer-Goßner/Schmitt, StPO, § 153a StPO.
353 Vgl. BSG, Urt. vom 06.11.2002, Az. B 6 KA 9/02 R, juris Rn. 23 = MedR 2003, 422 ff.

Das Verfahren ist in diesem Fall unverzüglich durch Bescheid unter Hinweis auf das eingetretene Verfahrenshindernis einzustellen[354].

B. Recht und Gerechtigkeit

Um die vorbenannten Ausführung abzurunden, soll an dieser Stelle in aller Kürze auf den sich aufdrängenden grundsätzlichen Unterschied zwischen Recht im juristischen Sinn einerseits sowie Moral und Ethik oder Recht und Gerechtigkeit im nicht juristischen Sinn auf der anderen Seite eingegangen werden.

Innerhalb des Rechts ist zwischen formellem und materiellem Recht zu unterscheiden. Die Differenzierung ist zwar nicht zwingend vorgegeben, dient vielmehr der Systematisierung[355]. Formelles Recht setzt dabei materielles Recht voraus, insbesondere ist formelles Recht ohne materielles Recht nicht denkbar und umgekehrt[356]. Die Verfassung gewährleistet mithin unterschiedliche verfahrensmäßige und organisatorische Regeln, um materielles Recht durchzusetzen[357]. Als materielles Recht wird die Gesamtheit der Rechtsnormen bezeichnet, die Inhalt, Entstehung, Veränderung, Übertragung und das Erlöschen von Rechten und/oder Ansprüchen regeln.

Gerechtigkeit hingegen umfasst Beurteilungen darüber, was geboten oder verboten, richtig oder falsch ist. Sie ist nicht von formalen Normierungen abhängig und hat auch keine unmittelbare Außenwirkung. Es handelt sich eher um Reflexion, also einen inneren Vorgang, der abhängig ist von Ort und Zeit, so dass Gerechtigkeit auch als "Reflexionswissenschaft" bezeichnen werden kann[358].

Die bisherige wissenschaftliche Auseinandersetzung mit Begriff und Inhalt von Gerechtigkeit setzt eine ordnungsgemäße ärztliche Behandlung voraus. Die hier vorliegende Bearbeitung setzt hingegen früher an, nämlich bei der Frage, ob es gerecht ist, wenn vertragsärztliche Versorgung dadurch verhindert wird, dass seitens der Kassenärztlichen Vereinigungen, denen u.a. ein Sicherstellungsauftrag

---

354 Vgl. z.B. § 2 der Disziplinarordnung der KVWL in der Fassung vom 24.06.1995, zuletzt geändert durch Beschluss vom 09.06.2017 (https://www.kvwl.de/arzt/recht/kvwl/do_go_satzung_wo/disziplinarordnung/disziplinarordnung.pdf, Abrufdatum: 24.05.2020).

355 Vgl. Gröpl/Windthorst/von Coelln, GG, Art. 20 Rn. 99; Voßkuhle/Kaufhold, JuS 2010, 116, 117.

356 Vgl. Aulehner, S. 17.

357 Vgl. Gröpl/Windthorst/von Coelln, GG, Art. 20 Rn. 100; Gröpl, StR, Rn. 448.

358 Vgl. Schöne-Seifert, S. 9 ff.

obliegt[359], rechtlich nicht haltbarer Honorarrückforderungsansprüche erlassen werden, wodurch vielfach eine Fortführung der vertragsärztlichen Versorgung ausgeschlossen bzw. verhindert und Unterversorgung verursacht wird[360].

---

359 Vgl. BSG, Beschl. vom 17.07.2013, Az. B 6 KA 8/13 B, juris Rn. 11 = KHE 2013/70; BSG, Urt. vom 12.12.2012, Az. B 6 KA 3/12 R, juris Rn. 21 = SozR 4-2500 §75 Nr. 13.
360 Vgl. SVR-Gutachten 2018, S. 81 ff. Rn. 64 ff. und S. 149 Rn. 180.

Fünfter Teil: Zusammenfassendes Ergebnis und Ausblick

1. In vielen Fällen führen die Kassenärztlichen Vereinigungen Prüfungen mittels Tages- und Quartalsprofilen durch. Die Eignung von Tagesprofilen als Indizienbeweis für nicht ordnungsgemäße Abrechnungen hat die Rechtsprechung wiederholt bejaht. Insbesondere sind Tagesprofile unter bestimmten Voraussetzungen ein geeignetes – und bei übermäßiger Praxisausdehnung in der Regel das einzige – Beweismittel, um einem Arzt unkorrekte Abrechnungen nachweisen zu können. Für Quartalsprofile, die Behandlungszeiten für Leistungen dokumentieren, die ein Vertragsarzt in einem Quartal und damit in einem deutlich längeren Zeitraum abgerechnet hat, gilt im Übrigen nichts anderes.

    Offen gelassen hat die Rechtsprechung hingegen die hier wesentliche Frage, _wie_ die Zeitprofile zustande gekommen sind. Insbesondere ist bis heute nicht geklärt, ob den im EBM benannten Prüfzeiten wissenschaftliche Evaluationen oder etwas Vergleichbares zugrunde gelegen haben oder was überhaupt Grundlage für diese Zeitangaben gewesen ist. Dies und auch die Frage, welche Rechtsfolgen sich ergeben, wenn die Prüfzeiten nicht verwertet werden dürfe, ist die eigentliche Kernfrage der vorliegenden Bearbeitung.

2. Prüfzeiten gemäß Anhang 3 des EBM und gemäß ärztlichem Erfahrungswissen sind mangels wissenschaftlicher Evaluation für Plausibilitätsverfahren nicht verwertbar. _„Ärztliches Erfahrungswissen"_ ist mangels gesetzlicher Grundlagen nicht geeignet, fehlende Prüfzeiten im Anhang 3 des EBM zu ersetzen und im Rahmen von Honorarrückforderungsbescheiden der Kassenärztlichen Vereinigungen zu verwerten.

    § 8 Abs. 4 S. 1 der bundesrechtlichen _„Richtlinien zum Inhalt und zur Durchführung der Prüfungen gemäß § 106d SGB V"_, wonach weitere Überprüfungen erfolgen, wenn die auf der Grundlage der Prüfzeiten ermittelte arbeitstägliche Zeit bei Tageszeitprofilen an mindestens drei Tagen im Quartal mehr als zwölf Stunden oder im Quartalszeitprofil mehr als 780 Stunden beträgt, ist daher nicht anwendbar.

3. Zwar ist Grundlage für eine Begrenzung der durch § 85 Abs. 4 SGB V eingeräumten Gestaltungsfreiheit der Kassenärztlichen Vereinigungen der Grundsatz der Honorarverteilungsgerechtigkeit, der aus Art. 12 Abs. 1 GG i.V.m. Art. 3 Abs. 1 GG abzuleiten ist. Insbesondere stellen Honorarverteilungsregelungen grundsätzlich _„keinen besonders schwerwiegenden Eingriff"_ dar, weil es nicht eigentlich um die Kürzung eines dem Arzt vertragsrechtlich

zustehenden Honoraranspruchs geht, sondern um die Verteilung der Gesamtvergütung, die im Rahmen eines für den Arzt vorteilhaften öffentlich-rechtli-
chen Sozialsystems auf gesetzlicher Grundlage festgesetzt wird. Jedoch haben
Ärzte, die mit zeitbezogenen Honorarrückforderungsansprüchen der Kassenärztlichen Vereinigungen konfrontiert werden, gegen die entsprechenden
Bescheide Aufhebungs- bzw. Beseitigungsansprüche aus Art. 12 Abs. 1, 14
Abs. 1 und 2 Abs. 1 GG.

4. Es ist rechtlich unerheblich, inwieweit der einzelne Arzt gegen die Prüfzeiten
   im Anhang 3 des EBM verstoßen hat, da diese mangels jeglicher Evaluation
   aufgrund der nicht gerechtfertigten Verfassungsverstöße auf in jedem Fall
   zumindest rechtswidrig und damit nicht verwertbar sind. Dies gilt selbst
   dann, wenn die vermeintlich vorliegenden Prüfzeiten einer Kassenärztlichen
   Vereinigung außerordentlich hoch sind[361].

5. Zum 31.12.2019 haben im Bundesgebiet genau 149.710 Ärzte[362] an der vertragsärztlichen Versorgung teilgenommen; dies bedeutet eine Veränderung
   gegenüber dem Vorjahr um 0,7 Prozentpunkte[363]. Diese Vertragsärzte sind
   zuständig für die ärztliche Versorgung von ca. 73,12 Mio. GKV-Versicherte
   (= 88,09 Prozentpunkte)[364]. Angesichts dieser Zahlen ist festzustellen, dass
   das äußerst komplexe Recht der gesetzlichen Krankenversicherung ein eher
   stiefmütterliches Dasein an den medizinischen Fakultäten der Universitäten der Bundesrepublik Deutschland einnimmt. Dies gilt insbesondere
   deswegen, weil entsprechende Verstöße u.a. von den Kassenärztlichen Vereinigungen zum Teil erheblich sanktioniert werden. Zum Teil ordnen die

---

361 Vgl. BSG, Urt. vom 21.03.2018, Az. B 6 KA 47/16 R, juris Rn. 3 = ArztR 2018, 268 ff.
    („...an einem einzigen Arbeitstag in Ansatz gebracht worden, was bei einer zeitlichen
    Mindestvorgabe von vier Minuten einer Arbeitszeit von über 23 Stunden ..."); LSG
    NRW, Beschl. vom 02.01.2018, L 11 KA 39/17 B ER, juris Rn. 3 („...ergäbe sich z.B. für
    das Quartal IV/2014 ein Zeitaufwand von 135.960 Minuten, dividiert durch 60 Arbeits-
    tage folge hieraus ein Tagesbedarf von durchschnittlich 37:46 Stunden."); a.A. insoweit
    Scholl-Eickmann, GesR 2018, 426, 430.

362 Ohne 21.848 Psychologische Psychotherapeuten sowie 6.268 Kinder- und Jugendli-
    chenpsychotherapeuten (Stand: 31.12.2019).

363 Statistische Informationen aus dem Bundesarztregister – KBV, Stand: 31.12.2019
    (https://www.kbv.de/media/sp/2019_12_31_BAR_Statistik.pdf [Seite 3], Abruf-
    datum: 24.05.2020).

364 Darstellung GKV-Spitzenverband; https://www.gkv-spitzenverband.de/gkv_spitzen-
    verband/presse/zahlen_und_grafiken/zahlen_und_grafiken.jsp (Grafiken: Mitglieder
    und Versicherte [Stand: März 2020] sowie Versicherte je System [Stand: Septem-
    ber 2019]), Abrufdatum: 24.05.2020.

Kassenärztlichen Vereinigungen Anfängerpraxen[365] sog. Paten bzw. Lotsen zu[366]. Dies ist sicherlich gut gemeint, aber in der Realität unzureichend. Vielmehr bedarf es einer Anpassung der universitären Lehrpläne mit entsprechender Expertise.

6. Vor dem Hintergrund der vorliegenden Bearbeitung ergeben sich noch viele weitere Betätigungsfelder, die nachfolgend beispielhaft benannt werden sollen.

a) Gemäß § 75 SGB V haben die Kassenärztlichen Vereinigungen die vertragsärztliche Versorgung sicherzustellen und den Krankenkassen und gegenüber ihren Verbänden die Gewähr dafür zu übernehmen, dass die vertragsärztliche Versorgung den gesetzlichen und vertraglichen Erfordernissen entspricht[367]. Soweit die Kassenärztlichen Vereinigungen gerade in unterversorgten Planungsbereichen[368] Honorarrückforderungsbescheide erlassen und die entsprechenden Vertragsärzte ihren Versorgungsaufträgen aus rein ökonomischen Gründen nicht mehr nachkommen können, ist es denkbar, dass die entsprechenden Kassenärztlichen Vereinigungen ihren Sicherstellungsauftrag nicht mehr nachkommen können.

b) Es kann untersucht werden, ob sich die Ergebnisse dieser Bearbeitung auch andere Bereiche sachlich-rechnerischer Richtigstellung übertragen lassen. Unklarheiten ergeben sich z.B. im Bereich des Missbrauchs der Kooperationsform der Praxisgemeinschaft[369]. Insbesondere ist bei der prozentualen Quote davon auszugehen, dass diese unterschiedlich groß sein werden, da es in der Regel kaum vorkommen wird, dass die Anzahl der Patienten bei beteiligten Praxen gleich hoch ist[370].

c) Es können Schadensersatzansprüche aus Amtshaftung gegen die Kassenärztlichen Vereinigungen bei rechtswidrigen oder nichtigen Honorarrückforderungsbescheiden von Ärzten entstehen. Insbesondere die Frage des Verschuldens ist insoweit nicht geklärt, da viele Gerichte die

---

365 Vgl. hierzu BSG, Urt. vom 03.02.2010, Az. B 6 KA 1/09 R, juris Rn. 15 = SozR 4-2500 § 85 Nr. 50; BSG, Urt. vom 17.07.2013, Az. B 6 KA 44/12 R, juris Rn. 23 = GesR 2013, 739 ff. (=> Verweis auf die Regelung im Honorarverteilungsmaßstab der jeweiligen Kassenärztlichen Vereinigung).

366 Sog. „Welpenschutz".

367 Vgl. *Hesral*, in: Schlegel/Voelzke, jurisPK-SGB V, § 75 Rn. 33 ff. (insbes. Rn. 35).

368 Vgl. Pawlita, in: Schlegel/Voelzke, jurisPK-SGB V, § 100 Rn. 9.

369 Vgl. zu Beteiligungsansprüche der jeweils anderen Arztpraxis Ossege, GesR 2019, S. 417 ff.

370 Vgl. Schütz, KrV 2020, 52 ff.; Dahm, MedR 2017, 659, 660 f. (Ziff. 5.4).

Rückforderungen der Kassenärztlichen Vereinigungen stützen, ohne explizit auf die Zeitvorgaben einzugehen.

d) Es sollte untersucht werden, ob sich die jeweiligen Mitarbeiter der Kassenärztlichen Vereinigungen strafbar machen, wenn diese bei Staatsanwaltschaften Strafverfahren wegen Betruges gegen die Ärzte veranlassen. In Betracht kommt insoweit z.b. eine Strafbarkeit nach § 164 StGB[371], wobei bereits fraglich ist, ob eine Verdächtigung *„wider besseren Wissens"* vorliegt. Nicht ausgeschlossen ist auch eine Strafbarkeit wegen Nötigung nach § 240 StGB[372], wenn Ärzten vor dem Hintergrund der nicht vorhandenen aufschiebenden Wirkung Vergleiche aufgedrängt werden, die diese bei einem zumindest nahezu ausgeglichenem *„Kräfteverhältnis"* im Sinne von Waffengleichheit wohl nicht in der entsprechenden Form geschlossen hätten.

---

371 Vertiefend Fischer, StGB, § 164.
372 Vertiefend Fischer, StGB, § 240,

Literaturverzeichnis

Altevers, Ralf, Grundrechte, 19. Aufl., Münster 2020 (zitiert: Altevers, Rn.)

Aulehner, Josef, Grundrechte und Gesetzgebung, Tübingen 2011 (zitiert: Aulehner, S.)

Baumeister, Peter, Der Beseitigungsanspruch als Rechtsfolge des fehlerhaften Verwaltungsakts, Tübingen 2006 (zitiert: Baumeister, S.)

Becker, Isabell, Arbeits- und sozialrechtliche Beurteilung der stufenweisen Wiedereingliederung in das Erwerbsleben gem. § 74 SGB V, Pfaffenweiler 1995 (zitiert: Becker, S.)

Berchtold, Josef/Huster, Stefan/Rehborn, Martin, Gesundheitsrecht, 2. Aufl., Baden-Baden 2018 (zitiert: Bearb., in: Berchtold/Huster/Rehborn, § Rn.)

Beeretz, Rainer, Abrechnungsprüfung in der vertragsärztlichen Versorgung, ZMGR 2004, S. 103 ff.

Beeretz, Rainer, Abrechnungsprüfung in der vertragsärztlichen Versorgung, in: DAV (Hrsg.) – Arbeitsgemeinschaft Medizinrecht, Plausibilitätsprüfung, Rechtsfragen der Gemeinschaftspraxis, Abrechnungsmanipulation, Saarbrücken 2005 (zitiert: Beeretz, in: AG MedR, S.)

Burkiczak, Christian, BVerfG: Folgenabwägung im Eilverfahren nur in Ausnahmefällen, NZS 2017, S. 75

Christophers, Babette, Ermächtigter Arzt verstößt gegen das Gebot der persönlichen Leistungserbringung, wenn er Befundung an nachgeordnete Ärzte delegiert, MedR 2019, 172 f.

Clemens, Thomas, Rechtliche Grenzen bei der Honorarverteilung durch Honorarverteilungsmaßstäbe – Tagungspapier zu einem Vortrag, MedR 1998, 264 f.

Dahm, Franz-Josef, Zum Umgang mit Zeitvorgaben in der Plausibilitätsprüfung nach der Entscheidung des BSG vom 21.3.2018, MedR 2019, 373 ff.

Dahm, Franz-Josef, Betrugsproblematik bei der privatärztlichen Abrechnung, in: DAV (Hrsg.) – Arbeitsgemeinschaft Medizinrecht, Plausibilitätsprüfung, Rechtsfragen der Gemeinschaftspraxis, Abrechnungsmanipulation, Saarbrücken 2005 (zitiert: Dahm, in: AG MedR, S.)

Dahm, Franz-Josef, Anm. zu LSG NRW, Beschl. vom 13.06.2016 – L 11 KA 76/15 B ER (SG Dortmund), MedR 2017, S. 659 ff.

Diehm, Alexander, Abrechnung von Akupunkturleistungen – Anm. zu BSG, Urt. vom 13.02.2019, Az. B 6 KA 56/17 R, NZS 2019, 437

Diering, Björn/Timme, Hinnerk/Stähler, Thomas P., SGB X, 5. Aufl., Baden-Baden 2019 (zitiert: Diering/Timme/Stähler, §, Rn.)

Ehlers, Alexander P.F., Medizinisches Gutachten im Prozess, 4. Aufl., München 2016 (zitiert: Ehlers, S.)

Ehlers, Alexander P.F., Disziplinarrecht und Zulassungsentziehung: Vertragsärzte/Vertragszahnärzte, München 2001 (zitiert: Ehlers, Disziplinarrecht und Zulassungsentziehung, Rn.)

Ehlers, Dirk, Veröffentlichungen der Vereinigung der Deutschen Staatsrechtslehrer, VVDStRL 51 (1992), S. 211 ff.

Felix, Dagmar, Konfliktlösungsinstrumente bei dreiseitigen Verträgen und Beschlüssen der Selbstverwaltung im System der gesetzlichen Krankenversicherung, Bestandsaufnahme, Problemanalyse und Weiterentwicklung, Münster, Hamburg, London 2018 (zitiert: Felix, S.)

Fischer, Thomas, Strafgesetzbuch, 67. Aufl., München 2020 (zitiert, Fischer, StGB, § Rn.)

Fortmann, Axel, Abrechnungskontrolle im privatärztlichen Bereich, in: DAV (Hrsg.) – Arbeitsgemeinschaft Medizinrecht, Plausibilitätsprüfung, Rechtsfragen der Gemeinschaftspraxis, Abrechnungsmanipulation, Saarbrücken 2005 (zitiert: Fortmann, in: AG MedR, S.)

Friauf, Karl Heinrich/Höfling, Wolfram, Berliner Kommentar zum Grundgesetz, Loseblattwerk, Berlin, Stand: 02/2018, (zitiert: Bearb., in: Friauf/Höfling, GG, Art. Rn.)

Gaede, Karsten, Die sozial- oder zivilrechtlich falsche Rechnungsstellung – ein strafbarer Abrechnungsbetrug? MedR 2018, 548 ff.

Gille, Thomas Georg, Prüfzeiten des Einheitlichen Bewertungsmaßstabes – Validität sowie Korrelation mit Realzeiten am Beispiel der Koloskopie –, Diss. med. 2015 (Online-Veröffentlichung der LMU München, zitiert: Gille, S.)

Gröpl, Christoph, Staatsrecht I, 11. Aufl., München 2019 (zitiert: Gröpl, StR, Rn.)

Gröpl, Christoph/Windthorst, Kay/Coelln, Christian von, Grundgesetz: Studienkommentar, 4. Aufl., München 2020, (zitiert: Gröpl/Windthorst/vCoelln, GG, Art. Rn)

Gusy, Christoph, Freiheitsrechte als subjektive Rechte, ZJS 2008, 233 ff.

Harneit, Paul, Der Vertrauensschutz des Vertragsarztes bei Honorarberichtigungen in: Festschrift 10 Jahre ARGE Medizinrecht im DAV, Bonn 2008 (zitiert: Harneit, in: ARGE MedR, S.)

Harneit, Paul, Vorlage der Dokumentation in der Abrechnungsprüfung?, ZMGR 2014, 6 ff.

Harney, Anke/Remmert, Jens, Plausibilitätsprüfungen und Honorarrückforderungen in der Radiologie, Radiologie & Recht, 11/2014, S. 1 ff.

Hauk, Karl/Noftz, Wolfgang, Sozialgesetzbuch (SGB V): Gesetzliche Krankenversicherung, Berlin, Loseblattwerk, Stand: März 2018 (zitiert: Bearb., in: Hauck/Noftz, SGB V, § Rn.)

Häberle, Peter, Jahrbuch des Öffentlichen Rechts der Gegenwart, Tübingen 1997 (zitiert, Häberle, S.)

Herberger, Maximilian/Martinek, Michael/Rüßmann, Helmut/Weth, Stephan/ Würdinger, Markus, Juris PraxisKommentar BGB, 8. Aufl., Saarbrücken 2017 (zitiert: Bearb., in: Herberger/Martinek/Rüßmann/Weth/Würdinger, jurisPK-BGB, 8. Aufl. 2017, jurisPK-BGB, § Rn.)

Hufen, Friedhelm, Berufsfreiheit – Erinnerung an ein Grundrecht, NJW 1994, S. 2913 ff.

IGES, Plausibilität der Kalkulation des EBM, Expertise im Auftrag des GKV Spitzenverbandes, Berlin 2010, (Online-Veröffentlichung)

Ipsen, Jörn, Staatsrecht II Grundrechte, 22. Aufl., München 2019 (zitiert: Ipsen, Staatsrecht II, Rn.)

Jansen, Johannes, Sozialgerichtsgesetz, 4. Aufl., Freiburg 2012 (zitiert: Jansen, SGG, § Rn.)

Jarass, Hans D./Pieroth, Bodo, Grundgesetz für die Bundesrepublik Deutschland: GG, 15. Aufl., München 2018 (zitiert: Jarass/Pieroth, Art. Rn.)

Jellinek, Georg, System der subjektiven öffentlichen Rechte, 2. Aufl., Tübingen 1919 (zitiert u.a. von Kingreen/Poscher [s.u.], Rn. 80)

Kallenberg, Stefan, Der Einheitliche Bewertungsmaßstab (EBM) in der Fassung vom 1.4.2005, GesR 2005, S. 97 ff.

Kerber, Detlef, Korrektur fehlerhafter Honorarabrechnungen nach strafgerichtlichem Berufsverbot, jurisPR-MedizinR 1/2019 Anm. 1

Kingreen, Thorsten/Poscher, Ralf, Grundrechte, Staatsrecht II, 35. Aufl., Heidelberg 2019 (zitiert: Kingreen/Poscher, Rn.)

Kleinke, Sören/Harney, Anke, Plausibilitätsprüfungen bei ermächtigten Krankenhausärzten: So schützen Sie sich! IWW CB ChefärzteBrief – Ausgabe 4/2006, S. 18 (zitiert: Kleinke/Harney, S.)

Kleinke, Sören/Kuhlen, Rainer, Plausibilitätsprüfung nach dem EBM 2000plus – Sind die Prüfzeiten angreifbar? AZR 2008, S. 141 ff.

Knispel, Ulrich, Sachlich-rechnerische Richtigstellung der Honoraranforderung bei Erbringung von Leistungen unter Verstoß gegen ein Berufsverbot, NZS 2019, 77

Kremer, Ralf/Wittmann, Christian, Vertragsärztliche Zulassungsverfahren, 3. Aufl., Heidelberg 2018 (zitiert: Kremer/Wittmann, S. Rn.)

Kuhlen, Rainer, Haben Klagen gegen Bescheide der KV bzw. der Prüfgremien aufschiebende Wirkung? ArztuR 2002, S. 65 f. = NJW 2002, S. 3155 f.

Ladurner, Andreas, Die Wirtschaftlichkeits- und Abrechnungsprüfung nach dem Terminservice- und Versorgungsgesetz – TSVG, ZMGR 2019, 123 ff.

Landau, Herbert, Publikation der Konrad Adenauer Stiftung Volkskrankheiten – Gesundheitliche Herausforderungen in der Wohlstandsgesellschaft, Gesundheit als Staatsziel, Freiburg 2009, S. 589/592 ff. (zitiert: Landau, S.)

Laubinger, Hans-Werner, Der öffentlich-rechtliche Unterlassungsanspruch, VerwArch 80, S. 261 ff. (1989)

Laufs, Adolf/Kern, Bernd-Rüdiger/Rehborn, Martin, Handbuch des Arztrechts, 5.°Aufl., München 2019 (zitiert: Bearb., in: Laufs/Kern/Rehborn, § Rn.)

Manssen, Gerrit, Staatsrecht II, Grundrechte, 15. Aufl., München 2018 (zitiert: Manssen, Rn.)

Maunz, Theodor/Dürig, Günter, Grundgesetz, Loseblatt-Kommentar, 84. Aufl., München 2018 (zitiert: Bearb., in: Maunz/Dürig, GG, Art. Rn.)

Maurer, Hartmut/Waldhoff, Christian, Allgemeines Verwaltungsrecht, 19. Aufl., München 2017 (zitiert: Maurer/Waldhoff, § Rn.)

Meyer-Goßner, Lutz/Schmitt, Bertram, Strafprozessordnung, 63. Aufl., München 2020 (zitiert: Meyer-Goßner/Schmitt, StPO, § Rn.)

Meyer-Ladewig, Jens/Keller, Wolfgang/Leitherer, Stephan/Schmidt, Benjamin, Sozialgerichtsgesetz, 13. Aufl., München 2020 (zitiert: Meyer-Ladewig, SGG, § Rn.)

Moeck, Jan, Die Budgetierung psychotherapeutischer Leistungen durch zeitbezogene Kapazitätsgrenzen, Diss. jur., Hamburg 2012 (zitiert: Moeck, S.)

Moeck, Jan, Die Vergütung der Psychotherapeuten – aktuelle Rechtsfragen, ZMGR 2017, S. 97 ff.

Müller, Hans-Arthur, Sachlich-rechnerische Richtigstellung bei Überschreitung des Quartalzeitprofils durch in Teilzeit angestellte Ärzte, jurisPR-MedizinR 11/2018 Anm. 3

Ossege, Michael, Anm. zu SG München, Urt. vom 11.12.2017, Az. S 28 KA 615/15 MedR 2018, S. 627 ff.

Ossege, Michael, Schätzungsermessen bei Honorarrückforderungen durch Kassenärztliche Vereinigungen, GesR 2019, S. 352 ff.

Ossege, Michael, Sachlich-rechtliche Richtigstellung von Vertragsarztabrechnungen bei Patientenidentität – Beteiligungsansprüche der anderen Arztpraxen? GesR 2019, S. 417 ff.

Ossege, Michael, Anm. zu LSG NRW, Beschl. vom 20.03.2019 – L 11 KA 76/18 B ER, GesR 2019, S. 453 f.

Ossege, Michael/Dag, Burcu, Anm. zu SG Dresden, Beschl. vom 21.11.2019, Az. S 25 KA 147/19 ER, GesR 2020, S. 97 ff.

Peikert, Peter, Anwaltliche Strategien bei fehlerhafter Abrechnung, in: DAV (Hrsg.) – Arbeitsgemeinschaft Medizinrecht, Plausibilitätsprüfung, Rechtsfragen der Gemeinschaftspraxis, Abrechnungsmanipulation, Saarbrücken 2005 (zitiert: Peikert, in: AG MedR, S.)

Peters, Horst, Handbuch der Krankenversicherung – Teil II, Sozialgesetzbuch V, Kommentar, Loseblattwerk, Stuttgart, Stand: 08/2019 (zitiert: Bearb., in: Peters, SGB V, § Rn.)

Pieroth, Bodo, Der Wert der Auffangfunktion des Art. 2 Abs. 1 GG: Zu einem bundesverfassungs-gerichtsinternen Streit um die allgemeine Handlungsfreiheit, in: Archiv des öffentlichen Rechts, 115. Band 1990, S. 33–44 (zitiert: Pieroth, S.)

Poscher, Ralf, Grundrechte als Abwehrrechte, Tübingen 2003 (zitiert: Poscher, S.)

Ratzel, Rudolf/Luxenburger, Bernd, Handbuch Medizinrecht, 3. Aufl., Heidelberg 2015 (zitiert: Bearb., in: Ratzel/Luxenburger, § Rn.)

Rehborn, Martin, Abrechnungsmanipulation an der Schnittstelle ambulanter-stationärer Behandlung, in: DAV (Hrsg.) – Arbeitsgemeinschaft Medizinrecht, Plausibilitätsprüfung, Rechtsfragen der Gemeinschaftspraxis, Abrechnungsmanipulation, Saarbrücken 2005 (zitiert: Rehborn, in: AG MedR, S.)

Riedl, Leopold J., Das Recht am eingerichteten und ausgeübten Gewerbebetrieb – eine noch zeitgemäße Rechtsfigur? Hamburg 2011 (zitiert: Riedl, S.)

Rothfuß, Sven, Das ist bei Zeitprofilen zu tun, DÄBl. vom 16.02.2018, A 304 f.

Sachs, Michael, Grundgesetz, 8. Aufl., München 2018 (zitiert: Bearb., in: Sachs, Art. Rn.)

SACHVERSTÄNDIGENRAT zur Begutachtung der Entwicklung im Gesundheitswesen, Bedarfsgerechte Steuerung der Gesundheitsversorgung, Gutachten Juni 2018 (veröffentlicht in BT-Drs. 19/3180 vom 04.07.2018, (zitiert: SVR-Gutachten 2018, S. Rn.)

Schlegel, Rainer/Voelzke, Thomas, Juris PraxisKommentar SGB V, 3. Aufl., Saarbrücken 2016 (zitiert: Bearb., in: Schlegel/Voelzke, jurisPK-SGB V, § Rn.)

Schlegel, Rainer/Voelzke, Thomas, Juris PraxisKommentar SGG, 1. Aufl., Saarbrücken 2017 (zitiert: Bearb., in: Schlegel/Voelzke, jurisPK-SGG, § Rn.)

Scholl-Eickmann, Tobias, Plausibilitätsprüfungen: Die Mär von der Beschränkung auf „Notfall"-Behandlungen bei Vertretungen innerhalb einer Praxisgemeinschaft, GesR 2016, S. 141 ff.

Scholl-Eickmann, Tobias, Zulässigkeit und Grenzen der Plausibilitätsprüfung auf Basis von Tages- und Quartalsprofilen, Anm. zu LSG NRW, Beschl. vom 02.01.2018, Az. L 11 KA 39/17 B ER, GesR 2018, S. 426 ff.

Scholl-Eickmann, Tobias, Anm. zu BSG, Urt. vom 24.10.2018 – B 6 KA 43/17 R (Thüringer LSG), MedR 2019, S. 603 f.

Schöne-Seifert, Bettina, Grundlagen der Medizinethik, Stuttgart 2007 (zitiert: Schöne-Seifert, S.)

Schulin, Bertram, Handbuch des Sozialversicherungsrechts, Band 1: Krankenversicherungsrecht, München 1994 (zitiert: Bearb., in: Schulin, § Rn.)

Schütz, Jan Harald, Die Praxisgemeinschaft als „faktische Gemeinschaftspraxis" – Zur Bestimmung des Anteils gemeinsam behandelter Patienten, KrV 2020, 52 ff.

Sodan, Helge, Grundgesetz, 4. Aufl., München 2018, (zitiert: Sodan, Art. Rn.)

Steinhilper, Gernot, Plausibilitätsprüfungen und Betrugsverdacht bei Vertragsärzten – Verfahrensregeln der Kassenärztlichen Vereinigungen, in: DAV (Hrsg.) – Arbeitsgemeinschaft Medizinrecht, Plausibilitätsprüfung, Rechtsfragen der Gemeinschaftspraxis, Abrechnungsmanipulation, Saarbrücken 2005 (zitiert: Steinhilper, in: AG MedR, S.)

Steinhilper, Gernot/Duhm, Franz-Josef, Anm. zu Hess. LSG, Urt. vom 13.09.2017, Az. L 4 KA 64/14 B ER (SG Marburg), MedR 2018, S. 269 ff.

Stern, Klaus, Das Staatsrecht der Bundesrepublik Deutschland, Band III/1: Allgemeine Lehren der Grundrechte, München 1988 (zitiert: Stern, Staatsrecht, Band III/1, § S.)

Stern, Klaus, Das Staatsrecht der Bundesrepublik Deutschland, Band IV/1: Die einzelnen Grundrechte, München 2006 (zitiert: Stern, Staatsrecht, Band III/1, § S.)

Stockmar, Maria, Änderungen bei Wirtschaftlichkeitsprüfung und sachlich-rechneri-scher Richtigstellung durch das TSVG, ZMGR 06/2019, 268 ff.

Thomae, Heike, Anm. zu BSG, Urt. vom 29.11.2017, Az. B 6 KA 32/16 R, SGb 2018, S. 514 ff.

Ulsenheimer, Klaus, Arztstrafrecht in der Praxis, 5. Aufl., 2015 (zitiert: Ulsenheimer, Arztstrafrecht, Kap., Teil, S.)

von Münch, Ingo/Kunig, Philip, Grundgesetz Kommentar, Gesamtwerk in 2 Bänden, Band 1: Präambel, Art. 1 bis Art. 69, Band 2: Art. 70 bis Art. 146 und Gesamtregister 6. Aufl., München 2012 (zitiert: Bearb., in: vMünch, Art., Rn.)

Voßkuhle, Andreas/Kaufhold, Ann-Katrin, Grundwissen – Öffentliches Recht: Das Rechtsstaatsprinzip, JuS 2010, 116 ff.

Welti, Felix, Gibt es ein Recht auf bestmögliche Gesundheit? GesR 2015, S. 1 ff.

Weber, Helmut/Drosthe, Mark, Kassenarztrechtliche Probleme bei manipulierten Honorarabrechnungen unter besonderer Berücksichtigung der Rechtsprechung, NJW 1990, S. 2281 ff.

Wiedemann, Lars, Die neuen Verfahrensgrundsätze für die Plausibilitätsprüfung im Überblick, Abrechnung aktuell – Ausgabe 2/2002, S. 6 (zitiert: Wiedemann, IWW Abrechnung aktuell, 2/2002, S. 6)

Wiedemann, Lars, Wie Sie Honorareinbehaltungen der KV abwehren, Abrechnung aktuell – Ausgabe 10/2000, S. 5 (zitiert: Wiedemann, IWW Abrechnung aktuell, 10/2000, S. 5)

Wiedemann, Lars, So entkräften Sie Zweifel der KV an der Plausibilität Ihrer Abrechnung, Abrechnung aktuell – Ausgabe 06/1999, S. 1 (zitiert: Wiedemann, IWW Abrechnung aktuell, 06/1999, S. 1)

Wigge, Peter, Zur Vergütungsbegrenzung im Honorarverteilungsmaßstab zwecks Verhütung einer übermäßigen Ausdehnung der vertragsärztlichen Tätigkeit, MedR 1994, 378 f.

Willascheck, Thomas, Plausibilitätsprüfungen – Zeitprofile als untaugliche Indizien Beweis von Falschabrechnungen, ZMGR 2015, S. 387 ff.

Willascheck, Thomas, Barufke, Constanze, Plausibilitätsprüfung seit 01.04.2020 – wie wirken die neuen Prüfzeiten? Der Urologe 6 • 2020, S. 769 f.

Zöller, Richard, Zivilprozessordnung, 33. Aufl., Köln 2020 (zitiert: Bearb., in: Zöller, ZPO, § Rn.)

Lebenslauf

geboren am 30. Januar 1966 in Glandorf / Niedersachsen

deutsche Staatsangehörigkeit

verheiratet, 2 Kinder

seit 4/2013	Rechtsanwalt in der gesundheits- und medizinrechtlich ausgerichteten Rechtsanwaltskanzlei rehborn.rechtsanwälte GbR, Dortmund
7/2008 bis 3/2013	Rechtsanwalt in der gesundheits- und medizinrechtlich ausgerichteten Rechtsanwaltskanzlei Dr. Wigge GbR, Münster
12/1998 bis 6/2008	Justitiar bei Krankenkassen
9/1997 bis 11/1998	Rechtsanwalt in einer Rechtsanwaltskanzlei in Osnabrück
2012	Master of Medical Law (LL.M.) an der Westfälischen Wilhelms-Universität Münster (JurGrad gGmbH)
2011	Fachanwalt für Medizinrecht
2007	Promotion zum Dr. jur. an der Universität Bremen Institut für Informations-, Gesundheits- und Medizinrecht (IGMR)
1997	2. juristisches Staatsexamen, NRW
1992	1. juristisches Staatsexamen, OLG Hamm
1986 bis 1992	Studium der Rechtswissenschaften in Bayreuth und Münster
1986	Abitur

Eidesstattliche Erklärung

Dr. jur. Michael Ossege, LL.M.

Eidesstattliche Erklärung

Ich versichere an Eides statt, dass ich die zur Erlangung des Grades eines *Doctor rerum medicinalium* vorgelegte Dissertationsschrift mit dem Thema

**Verfassungsmäßige Abwehransprüche gegen
Honorarrückforderungsbescheide der Kassenärztlichen Vereinigungen**

selbständig und ohne fremde Hilfe angefertigt und die in der Arbeit verwendete Literatur vollständig zitiert habe. Ich habe diese Dissertation weder in dieser noch in einer ähnlichen Form an einer anderen Hochschule eingereicht.